C.H.BECK ■ WISSEN

in der Beck'schen Reihe

Im 8. Jahrhundert drangen die Mauren über die Meerenge von Gibraltar nach Norden vor und läuteten damit eine neunhundertjährige Präsenz des Islam auf der Iberischen Halbinsel ein. In dieser Zeit kam es zu einem einzigartigen Miteinander von Muslimen, Christen und Juden und einer Blüte von Wissenschaft, Philosophie, Literatur und Kunst. Die Moschee von Cordoba und die Alhambra von Granada zeugen bis heute von diesem «Goldenen Zeitalter». Georg Bossong beschreibt anschaulich die wechselvolle Geschichte des Maurischen Spanien mit ihrem Glanz, aber auch mit ihren Konflikten, die am Ende des Mittelalters im Zuge der christlichen Reconquista immer härter wurden und zur Vertreibung von Juden und Muslimen führten.

Georg Bossong, geb. 1948, lehrt heute, nach Stationen in Heidelberg, Paris, München und Mannheim, als Professor für romanische Philologie an der Universität Zürich. Zu seinen Forschungsschwerpunkten gehören die semitisch-romanischen Sprach- und Kulturkontakte auf der Iberischen Halbinsel. Bei C. H. Beck erschien von ihm bereits die Anthologie «Das Wunder von al-Andalus. Die schönsten Gedichte aus dem Maurischen Spanien» (2005).

Georg Bossong

DAS MAURISCHE SPANIEN

Geschichte und Kultur

Verlag C. H. Beck

Mit 7 Abbildungen und 2 Karten
Photos: Georg Bossong

Originalausgabe
© Verlag C. H. Beck oHG, München 2007
Gesamtherstellung: Druckerei C. H. Beck, Nördlingen
Umschlagbild: Mosaikpaneel, Córdoba,
Museo de la Alhambra
Umschlagentwurf: Uwe Göbel, München
Printed in Germany
ISBN 978 3 406 55488 9

www.beck.de

Inhalt

1. Was war al-Andalus?	**7**
Die Bedeutung des Namens	7
Ein spanischer Historikerstreit	9
2. Islamische Reiche in Spanien	**14**
Eroberung und erster Widerstand (710–756)	14
Das umayyadische Emirat (756–929)	19
Das Kalifat von Córdoba (929–1031)	23
Die Taifa-Königreiche (1009–1095)	32
Die Berber-Dynastien: Almoraviden und Almohaden (1090–1248)	42
Die Nasriden in Granada (1246–1492)	54
Die Moriscos (1492–1614)	59
3. Kulturelle Vielfalt im Maurischen Spanien	**66**
Ethnos, Religion und Sprache	66
Die Übersetzerschulen von Toledo	73
Die Wissenschaften	79
Philosophie und Theologie	88
Dichtung	105
Architektur	112
4. Epilog: Al-Andalus, ein Mythos?	**120**
Zeittafel zur politischen Geschichte	123
Zeittafel zur Kulturgeschichte	124
Literaturhinweise	126
Personenregister	127

Die Ruinen der maurischen Burg von Málaga wurden bis in die Details hinein restauriert.

I. Was war al-Andalus?

Die Bedeutung des Namens

Fast achthundert Jahre dauerte die islamische Herrschaft auf der Iberischen Halbinsel, von 710 bis 1492; die Präsenz des Maurentums währte sogar noch über ein Jahrhundert länger, bis zur Ausweisung der Moriscos, die 1614 abgeschlossen war. Tiefer und nachhaltiger als alle anderen Regionen Westeuropas wurde Hispanien durch den Islam geprägt. Was wir gewöhnlich als das «Maurische Spanien» bezeichnen, ist eine historische Epoche von größter Tragweite für die iberoromanischen Nationen und für ganz Europa, eine Epoche voller Glanz und Tragik, deren Auswirkungen bis in die Gegenwart reichen.

Der arabische Name für diese Epoche ist *al-Andalus*. Dies war zunächst einmal die arabische Bezeichnung für die Iberische Halbinsel. Das Wort hat sich zur Bezeichnung für den islamischen Machtbereich auf der Halbinsel entwickelt, der dann im Laufe der Jahrhunderte immer mehr zurückgedrängt und eingeschränkt wurde. *Al-Andalus* ist also ein zugleich historischer und geographischer Begriff; er steht für eine untergegangene Zivilisation, das islamisch beherrschte Hispanien.

Gehen wir zunächst auf den Namen ein. Die Bezeichnung *al-Andalus* erscheint bereits sehr früh. Wenige Jahre nach der Eroberung der Halbinsel, zwischen 715 und 717, im Jahre 97/98 der Hidjra, wurde eine Münze geprägt, die auf der einen Seite eine lateinische, auf der anderen eine arabische Schrift aufweist; dabei entsprechen sich die Ausdrücke *Spania* und *al-Andalus*. Demnach stand der Name schon damals fest. Wie ist er zu erklären? Man hat ihn mit den Wandalen in Verbindung gebracht. Dieses germanische Volk errichtete während der Völkerwanderung ein kurzlebiges Reich in Hispanien, von 411 bis 429, und ließ sich dann in Nordafrika nieder. Die traditionelle Theorie besagt, die Iberische Halbinsel sei für die nordafrikanischen Berber seither das «Land der Wandalen» gewesen, und von den Berbern hätten die Araber die Bezeichnung übernommen. Dagegen spricht allerdings, daß der Name in den drei Jahrhunderten zwischen der Wandalenherrschaft und der arabischen Eroberung nirgends belegt ist; außerdem gibt es bei dieser etymologischen Herleitung unüberwindbare lautliche und semantische Schwierigkeiten. Der Orientalist Heinz Halm hat einen kühnen Alternativvorschlag gemacht: Er leitet den Namen von einem hypothetischen gotischen *land-hlauths ab, «Land-Los», was dem in lateinischen Quellen belegten *gotica sors* entsprechen soll, also Land, das einem durch Los zugeteilt wird. Gegen diese These spricht – neben lautlich-grammatischen Gründen – allerdings, daß die Goten, als sie ihr iberisches Reich errichteten, schon gar nicht mehr Gotisch sprachen, sondern längst latinisiert waren. Woher sollten also die Araber, dreihundert Jahre nach der westgotischen Eroberung Hispaniens, eine solche, nirgendwo belegte gotische Bezeichnung übernommen haben? Meiner Auffassung nach ist der Name vorromanischen, ja vorindogermanischen Ursprungs. Er gehört zur ältesten Schicht von Ortsnamen auf der Halbinsel, die ein baskisches Gepräge zeigen. Vermutlich war *Andalus* der Name der kleinen Insel, die das berberische Vorauskommando unter der Führung von Tarîf Abû Zurʿa als ersten Punkt der Halbinsel erreichte; jedenfalls lassen sich so die arabischen Quellen plausibel deuten. Diese Insel ist der Stadt Tarifa vorgelagert, die von Tarîf gegründet und nach ihm benannt wurde; sie ist heute durch einen Damm mit dem Festland verbunden und bildet die südlichste Spitze von Festland-Europa, auf dem 36. Breitengrad gelegen. Von der afrikanischen Küste aus gesehen ist sie zum Greifen nahe. Dieser uralte Name wurde dann von der kleinen Insel auf die große Halbinsel übertragen, so wie der Name «Asien» von der anatolischen Westküste auf den ganzen Kontinent oder der Volksname der grenznahen «Alemannen» auf die Deutschen schlechthin. Der Name *Andalus* kommt übrigens mehrfach auf der Iberischen Halbinsel vor, so als Bezeichnung eines Gebirgszuges nahe Soria in Altkastilien; seine beiden Bestandteil *anda* und *luz* sind in der iberischen Topographie weit verbreitet, im

Baskenland treten sie gehäuft auf. Meiner Auffassung nach besteht an der vorindogermanischen Herkunft dieses Namens kein Zweifel.

Der Name *al-Andalus* bezieht sich auf den islamischen Herrschaftsbereich auf der Iberischen Halbinsel, nicht auf ein bestimmtes geographisch definiertes Gebiet. Dieser Herrschaftsbereich umfaßte auch das heutige «Andalusien» als eines seiner Kerngebiete, und der Name dieser spanischen Region ist natürlich aus *al-Andalus* abgeleitet, aber die Bedeutung der beiden Namen war niemals deckungsgleich. Entsprechend wird im heutigen Spanisch zwischen *andalusí*, «zu al-Andalus gehörig», und *andaluz*, «zu Andalusien gehörig», unterschieden. Auch im heutigen Arabischen ist *al-Andalus* ein rein historischer Begriff; anders als im mittelalterlichen Arabisch heißt «Spanien» heute einfach *Isbâniyâ*. Wir verwenden hier den Begriff «das Maurische Spanien» (vom lateinischen *maurus*, «Bewohner Mauritaniens») gleichbedeutend mit *al-Andalus*.

Ein spanischer Historikerstreit

Al-Andalus war keineswegs nur islamisch-arabisch geprägt. Die historische Besonderheit, ja Einmaligkeit des Maurischen Spanien liegt genau darin begründet, daß hier Angehörige der drei monotheistischen Religionen zwar nicht konfliktfrei, aber doch über lange Zeiträume hinweg kooperativ zusammenlebten. Zentral ist dabei auch die Rolle der Juden, für die Spanien jahrhundertelang eine Zuflucht und eine Heimat war; wer von al-Andalus spricht, muß das Zusammenleben von Muslimen, Juden und Christen immer mit einbeziehen. Nirgendwo sonst in Westeuropa kam es zu einem so engen Kontakt zwischen den drei «Religionen des Buches». All dies hat die Geschichte Spaniens tief geprägt.

Diese Prägung wird von niemandem ernsthaft bestritten. Heftige Diskussionen hat indessen die Frage ausgelöst, wie die Rolle von al-Andalus in der spanischen Geschichte zu bewerten ist. War die islamische Herrschaft eine existentielle Katastrophe? Waren die arabischen Eroberer Fremdlinge, die es mit aller

Macht zurückzuwerfen und aus Spanien zu vertreiben galt? Oder war vielmehr das Zusammenwirken der drei Kulturen konstitutiv für die Bildung einer spanischen Identität? Beruht die Entstehung der spanischen Nation auf der welthistorisch einzigartigen Verschmelzung von Islamischem, Jüdischem und Christlichem? Über diese Fragen ist eine Kontroverse entbrannt, die man als eine Art «Historikerstreit» bezeichnen kann. Es geht dabei um nicht weniger als das Verständnis Spaniens von sich selbst: Wurde die nationale Identität in den Kriegen der Reconquista geschmiedet, im unermüdlichen Kampf der katholischen Christenheit gegen die verderbliche «Sekte» der Mohammedaner? Oder entstand sie in einem jahrhundertelangen Prozeß der Befruchtung und des Kontakts, bei dem Semitisches und Romanisches eine unauflösliche Symbiose eingingen?

Zwei Historiker vor allem haben diese Kontroverse ausgetragen: Américo Castro (1885–1972) und Claudio Sánchez-Albornoz (1893–1984). Beide erhielten ihre Bildung in der liberal-aufklärerischen *Institución Libre de Enseñanza*, beide kämpften im Spanischen Bürgerkrieg für die Partei der Republikaner und mußten aufgrund der franquistischen Repression ins Exil gehen, Castro nach Princeton und Sánchez-Albornoz nach Buenos Aires.

Américo Castro hatte sich mit Studien zu Klassikern der spanischen Literatur einen Namen gemacht, ehe er im Exil begann, sich genauer mit der mittelalterlichen Geschichte seines Landes zu beschäftigen. 1948 legte er eine erste, 1954 eine überarbeitete Fassung seines Hauptwerks vor unter dem Titel *La realidad histórica de España* (deutsch 1957). Diese Publikation schlug unter spanischen Intellektuellen hohe Wogen. Seit dem Verlust der letzten Kolonien im Jahre 1898 war es Mode geworden, über das Wesen des Spaniertums und die spanische Identität nachzudenken. Américo Castro brach mit allen überkommenen Vorstellungen, indem er dem muslimischen wie auch dem jüdischen Element eine Schlüsselstellung zuerkannte. Erst durch das Zusammenwirken der drei Religionen, so Castro, sei es zur Entstehung der spanischen Nation mit eigenständiger Identität gekommen. Das Zusammenleben der drei «Kasten» in einer gemeinsamen «Lebensbehausung» *(morada vital)* sei zentral für das Entstehen des Spaniertums:

> So ist es bei der Betrachtung dieser neunhundert Jahre, die sich vor unseren Augen ausgebreitet haben, kaum verwunderlich, daß Sprache, Sitte, Religion, Kunst, Literatur, ja die spanische Lebensstruktur *(vividura)* überhaupt es verlangen, der jahrhundertealten Verflechtung zwischen Christen und Mauren Rechnung zu tragen ... Das Originellste und Universalste des spanischen Genius lag in einer Disposition des Lebens begründet, die in den Jahrhunderten des christlich-islamisch-jüdischen Zusammenlebens geprägt wurde.

Bei aller Abgrenzung und Auseinandersetzung, die natürlich auch von Américo Castro nicht geleugnet wird, kam es doch zur Entstehung einer gemeinsamen Lebensstruktur, die auf spanisch mit dem Begriff der *convivencia*, «Zusammenleben», auf den Punkt gebracht werden kann. Zugespitzt gesagt: Die Westgoten waren keine Spanier – und die Römer oder Iberer vor ihnen schon gar nicht; erst durch die islamische Eroberung und ihre Folgen wurde Spanien zu dem, was es heute ist.

Américo Castros Buch rief die traditionell orientierten Historiker auf den Plan, allen voran Claudio Sánchez-Albornoz. Als Entgegnung auf Castro veröffentlichte er 1956/1957 sein Hauptwerk *España: un enigma histórico*, «Spanien: ein historisches Rätsel». Er verteidigt die traditionelle Auffassung von der Kontinuität des spanischen Wesens über alle Zeitläufte hinweg; bereits in Gestalten wie Seneca und Trajan – und sogar in den vorrömischen Iberern – sieht er Verkörperungen des *homo hispanus*, in denen konstante Züge eines ewigen Spaniertums aufscheinen. Während also Iberer, Römer und Westgoten – so Sánchez Albornoz – dazu beigetragen haben, das spanische «Temperament zu schmieden», wird die Bedeutung des semitischen Elements von ihm vehement bestritten. Die durch den jüdischen Verrat ermöglichte arabische Eroberung hat die spanische Geschichte «verdreht», durch sie kam Spanien von seinem «Königsweg» ab. Das arabische und das jüdische Element sind das Fremde, das es von allem Anfang an zurückzudrängen und auszumerzen galt. In dem jahrhundertelangen Ringen der

Reconquista hat sich der *homo hispanus* gegen das Semitische zur Wehr gesetzt und es schließlich vom spanischen Boden eliminiert. Die Niederlage der Westgoten gegen die Araber setzte die Kräfte des Widerstands frei, sie weckte «die von den Urahnen kommende kriegerische Kraft und die leidenschaftliche Heftigkeit der Asturer und Cantabrer [vorrömische Völkerschaften, GB], die seit den Tagen der Römer so oft aufgeblitzt und nie völlig erloschen waren». Zeit seines Lebens hat Sánchez-Albornoz diese traditionalistische, auch von den Faschisten vertretene Sicht der spanischen Geschichte leidenschaftlich verteidigt; so schrieb er im Alter von neunzig Jahren:

Die Reconquista, unsere großartige mittelalterliche Unternehmung, eine normale Reaktion auf die verräterische islamische Invasion Spaniens; das Wunder der Reconquista, von unglaublichem Heldenmut geprägt, hat nicht nur unseren Nationalcharakter geschmiedet, sondern hat uns auch befähigt, unsere amerikanischen Heldentaten zu verwirklichen, wo wir die Neue Welt erobert haben, für Spanien, für die westliche Zivilisation, und vor allem für Christus. Die Reconquista machte uns zum Schwert Gottes auf Erden, gegen Türken und Ketzer. Die Reconquista ist der Schlüssel zur spanischen Geschichte.

Unter der Franco-Diktatur ist diese Wertung allen Spaniern von Kindheit an eingehämmert worden. Sánchez-Albornoz steht in einer langen Tradition von Maurophobie und Antisemitismus.

Die weitaus meisten Gelehrten neigen heute der Auffassung von Américo Castro zu; die Geschichtsdeutung von Sánchez-Albornoz gilt als Ausdruck einer überholten, national-katholischen Ideologie und wird allgemein abgelehnt. So hat beispielsweise María Menocal in ihren Lebensbildern aus al-Andalus beeindruckend gezeigt, daß sich im mittelalterlichen Spanien ein Gefühl der Zusammengehörigkeit entwickelt hat, das zumindest zeitweise die Grenzen zwischen den Religionen überstieg. Auch in der Dichtung wird immer wieder deutlich, daß die *convivencia* zwischen Muslimen, Juden und Christen eine alltäglich gelebte Realität war. Natürlich kann man durch eine voreingenommene Auswahl von Zitaten auch belegen, was ohnehin niemand bezweifelt, daß nämlich zwischen Muslimen und Christen jahrhundertelang gekämpft wurde, zeitweise auf Leben und Tod. So hat vor kurzem der in Madrid lehrende Arabist Serafín Fanjul zu beweisen versucht, daß es im Spanien des Mittelalters nichts anderes als Konfrontation und Krieg zwischen den «Kasten» gegeben habe. Daß er dabei alle Elemente von Koexistenz und Kooperation unterschlägt, verwundert angesichts der von ihm verfolgten Absicht keineswegs. Insgesamt jedoch sind solche Stimmen in der Minderheit. Niemand zaubert heute noch einen mythischen *homo hispanus* aus der Vorgeschichte hervor; man kann kaum ernsthaft bezweifeln, daß die im eigentlichen Sinne spanische Geschichte mit der muslimischen Eroberung und der christlichen Antwort darauf beginnt. Aber der Streit geht weiter, wenn auch unter anderen Vorzeichen.

Ist al-Andalus wirklich ein integraler, ja konstitutiver Bestandteil der spanischen Geschichte? Oder repräsentiert es doch die große, existentielle Katastrophe, den Einbruch des Fremden, dessen es sich zu entledigen galt? Fragen wir noch weiter, noch konkreter: Waren die spanischen Muslime wirklich Fremde? Waren sie nicht vielmehr in ihrer großen Mehrheit Fleisch vom eigenen Fleisch, Hispano-Romanen, die sich freiwillig zum Islam bekehrt haben? Ist es nicht plausibel anzunehmen, daß in der Ahnenreihe eines beliebigen Andalusiers oder Levantiners von heute sich nicht nur Fernandos und Rodrigos finden, sondern auch Omars und Mohammeds, und auch Moshes und Yehudas? Das sind wahrlich Fragen, die für einen katholischen Spanier von heute beunruhigend sein können und die über den akademischen Historikerstreit weit hinausgehen. Die Kontroverse um al-Andalus ist bis heute aktuell geblieben.

2. Islamische Reiche in Spanien

Eroberung und erster Widerstand (710–756)

Der Siegeszug des Islam ist ein Vorgang, der in der Weltgeschichte kaum Parallelen kennt. Nachdem der Prophet Muhammad seine Herrschaft auf der Arabischen Halbinsel gefestigt hatte, setzte nach seinem Tod (632) eine Eroberungswelle ohnegleichen ein. In alle Himmelsrichtungen stürmten die gerade islamisierten Heere voran, überrannten das Reich der persischen Sassaniden ebenso wie die östlichen Teile des byzantinischen Reiches; in kürzester Zeit standen Iran, Mesopotamien, Syrien und Ägypten unter der Herrschaft der neuen Religion. Die Muslime drangen nach Zentralasien und bis an die Grenzen von China vor. Die Eroberung Nordafrikas verlief nicht ganz so rasch; vor allem die berberischen Völkerschaften in den Regionen, die die Araber *Maghrib* nannten, «Sonnenuntergang, Westen», setzten ihnen hartnäckigen Widerstand entgegen. Das 670 von ʿUqba ibn Nâfiʿ als Heerlager gegründete Kairouan wurde der wichtigste Ausgangspunkt für die teils kriegerische, teils auch friedliche Unterwerfung der Berber-Stämme von Tunesien, Algerien und Marokko. Schon 710, im Jahre 91 der Hidjra, standen die muslimischen Heere erstmals an der Meerenge von Gibraltar, an den Säulen des Herkules. Das Oberkommando über die meist berberischen Truppen hatte der arabische General Mûsâ ibn Nusayr, nach dem das Gebirge zwischen Ceuta und Tanger, der *Djabal Mûsâ*, benannt ist. Von dort schauten sie hinüber nach Spanien – auf das Inselchen Andalus und damit den südlichsten Ausläufer der großen Halbinsel, die sie bald al-Andalus nennen sollten.

Mûsâs Stellvertreter Târiq ibn Ziyâd schickte ein Vorauskommando von vierhundert Mann unter Leitung des Berber-Führers Tarîf Abû Zurʿa über die Meerenge; die an dieser ersten Landungsstelle gegründete Stadt Tarifa trägt bis heute seinen

Namen. Ermutigt vom Erfolg dieser Expedition, setzte Târiq im folgenden Jahr mit siebentausend Berbern von Ceuta zu dem Felsen über, der nach ihm benannt wurde: *Djabal Târiq*, Gibraltar. Von dort rückte er nach Norden vor; der westgotische König Rodrigo, der gerade dabei war, einen Aufstand der Basken niederzuschlagen, eilte in Gewaltmärschen herbei. Am 28. Ramadân des Jahres 92 (= 711) prallten die beiden Heere am Guadalete, einem Fluß zwischen Cádiz und Sevilla, aufeinander. Die Muslime waren siegreich, Rodrigo wurde getötet, der Weg zur Eroberung der Halbinsel war frei. Schon bald zog Târiq in der Hauptstadt Toledo ein. Die westgotischen Adligen flohen zum Teil nach Norden, zum Teil paktierten sie mit den neuen Herren und handelten günstige Bedingungen zur Wahrung ihres Besitzes und ihrer Privilegien aus. 712 setzte dann auch General Mûsâ mit 18 000 vorwiegend arabischen Kriegern über, konsolidierte in mehreren Schlachten die muslimische Macht und begann, Hispanien als Provinz des kalifalen Imperiums zu organisieren. Ab 714 herrschte sein Sohn ʿAbd al-ʿAzîz ibn Mûsâ als *wâlî*, als Gouverneur in Stellvertretung des Kalifen, über al-Andalus. Von nun an ging es nicht mehr um Beutezüge, sondern um die Errichtung eines stabilen islamischen Staatswesens.

Mit der islamischen Eroberung ist eine halblegendäre Geschichte verbunden, die für die Mythisierung der spanischen Geschichte fundamental ist. Der westgotische Gouverneur von Ceuta, Graf Julián, schickte, wie es Sitte war, seine Tochter Cava Florinda an den Hof in Toledo, wo Rodrigo soeben von seiner Fraktion zum König gewählt worden war (die Fraktion um den Gegenkandidaten Witiza betrachtete ihn als Usurpator). Rodrigo entbrannte für die schöne junge Frau und vergewaltigte sie, was diese ihrem Vater in einem Brief schrieb. Der erzürnte Graf Julián wandte sich an Târiq ibn Ziyâd, damals Gouverneur von Tanger, und schloß mit ihm einen Bund, um Rodrigo zu stürzen und seine Ehre wiederherzustellen. Vermutlich gehörte Julián zu den Anhängern von Witiza. Diese Entwicklung soll den raschen Untergang des westgotischen Reiches herbeigeführt haben. Diese Geschichte wird sowohl in arabischen als auch in spanischen Quellen erzählt, sie hat also wohl einen historischen Kern. Für die Christen ist Graf Julián der Abtrünnige, durch dessen Verrat Spanien zu Fall gebracht wurde; für die Muslime zeigt der Vorfall die Verworrenheit und Dekadenz der Verhältnisse im Westgotenreich. Daß der «Seitenwechsel» (um einen neutralen Ausdruck zu gebrauchen) des Grafen Julián historisch wirklich kriegsentscheidend war, darf bezweifelt werden. Einerseits waren die muslimischen Truppen seit Jahrzehnten ungebremst auf dem Vormarsch, und die Eroberung von Hispanien war die logische Fortsetzung der Islamisierung Nordafrikas; andererseits war das Westgotenreich durch interne Konflikte ohnehin so geschwächt, daß es den Muslimen wie eine reife Frucht in den Schoß fiel.

Wichtiger als die historischen Tatsachen ist indessen die kollektive Mythenbildung. In Spanien wurden die Figuren des lüsternen Königs Rodrigo, des in seiner Ehre verletzten Grafen Julián und seiner schönen Tochter Cava Florinda in einem Zyklus volkstümlicher Romanzen besungen. Kern dieses Zyklus ist die (angebliche?) Vergewaltigung der Florinda; wörtlich heißt es in der Romanze: «Sie sagt, es sei mit Gewalt *(fuerza)*, er, es sei mit zustimmender Lust *(gusto consentido)* geschehen.» Diese Urszene zwischen Rodrigo und Florinda wurde zum Sündenfall Spaniens stilisiert, für den die maurische Eroberung die Bestrafung darstellt: Der väterliche Zorn Juliáns, seine beleidigte Ehre (ein ebenso arabisches wie spanisches Motiv) verleitet ihn zum Verrat, der die Zerstörung Spaniens herbeiführt. In den Romanzen fällt König Rodrigo nicht in der Schlacht, sondern muß für seine Lüsternheit dadurch büßen, daß in einer Höhle (spanisch *cava*) eine zweiköpfige Schlange sowohl sein Herz als auch sein Geschlecht verschlingt. Das katholische Spanien wurde vernichtet durch einen verbotenen sexuellen Akt; der Eros in seiner zweifachen Gestalt, als Liebe (Herz) und Sexualität (Geschlecht), war sein Untergang. Diese Urszene einer – vorgeblichen? – Vergewaltigung kann als Symbol für das kollektive Unbewußte Spaniens gegenüber dem Eindringen des Islam gesehen werden. Die allzu heftige Gegenwehr, der allzu beredt formulierte Abscheu, die blühende Rhetorik, mit der jahrhundertelang die Zerstörung Hispaniens beklagt wird, verbirgt nur oberflächlich die profunde Faszination, die Versuchung, sich dem geheimnisvollen und mächtigen Fremden zu öffnen und sich seiner Stärke und seinem Zauber widerspruchslos und lustvoll hinzugeben.

Der spanische Autor Juan Goytisolo, der teils in Paris, teils in Marrakesch lebt und der wie kein anderer das maurische Erbe Spaniens als «Dissidenz» gegen die katholisch-orthodoxe Weltsicht wendet, hat in seinem Roman *Reivindicación del conde don Julián* einen fiktiven Julián an die marokkanische Küste in Tanger gesetzt, von wo aus er auf Spanien hinüberblickt und davon träumt, daß die Beduinen aus der Wüste hervorstürmen, mit «faunischer Aggression» den erdrückenden Nationalkatholizismus hinwegfegen und so eine Umwertung aller traditionellen Werte herbeiführen.

Kehren wir vom Mythos zur Historie zurück. Die Eroberung von Hispanien wurde mit atemberaubender Geschwindigkeit abgeschlossen. In nur drei Jahren war die ganze Halbinsel erobert – die ganze? Nein, ganz im Norden, im Kantabrischen Gebirge, begann sich Widerstand zu formieren. Bei der Höhle von Covadonga in den asturischen Picos de Europa mußten die sieggewohnten Muslime erstmals eine Niederlage hinnehmen. Auch diese Schlacht hat in der späteren Geschichtsschreibung eine mythische Dimension angenommen. Als historisch gesichert können wohl die folgenden Fakten gelten: Pelayo, ein gotischer Adliger aus der Partei von Witiza, stand zunächst im Dienst der neuen Herren am Hof von Toledo, überwarf sich dann aber mit ihnen und floh in den Norden, wo er eine Schar von Getreuen um sich sammelte. Ein Truppenführer namens al-Qâma setzte ihm nach, um ihn zur Räson zu bringen; er wurde begleitet von Oppas, dem christlichen (!) Bischof von Toledo, der klar auf seiten der muslimischen Herrscher stand. Pelayo verschanzte sich in der Höhle von Covadonga und lehnte das Angebot von Bischof Oppas zu einer ehrenvollen Kapitulation ab. Darauf erfolgte der Angriff; da die muslimischen Truppen aus der Ebene angriffen, konnten sie trotz zahlenmäßiger Überlegenheit nichts ausrichten, sondern wurden in die Flucht geschlagen und fast völlig aufgerieben. Pelayo wurde in der Folge zum Begründer

der asturischen Dynastie, die sich der islamischen Herrschaft nicht unterwarf, sondern die Keimzelle des christlichen Widerstandes bildete. Als Zeitpunkt der Schlacht wird meist das Jahr 721 oder 722 angegeben, er ist aber in der modernen Forschung umstritten; die Thesen der Historiker schwanken zwischen 718 und 740.

In den späteren christlichen Chroniken wurde diese Schlacht episch ausgemalt, mit maßlos übertriebenen Zahlen; eine Quelle spricht von 124 000 in der Schlacht getöteten Muslimen, außerdem seien 63 000 Muslime durch einen Erdrutsch ums Leben gekommen, der von Gott genau im richtigen Augenblick ausgelöst wurde. Die moderne Geschichtsforschung ist sich darüber einig, daß die «Schlacht» von Covadonga nur ein Scharmützel von wenigen hundert Kriegern mit einer Art Guerrilla-Taktik gewesen ist. Dennoch ist die psychologische Bedeutung dieses Ereignisses von kaum zu überschätzender Tragweite. Erstmals wurden die unaufhaltsam voranstürmenden muslimischen Heere ausgebremst und verloren so den Nimbus der Unbesiegbarkeit. Strategisch hatte Covadonga zur Folge, daß der Nordsaum der Halbinsel unerobert blieb und nie in die Sphäre von al-Andalus geriet; ethisch-juristisch begründete Covadonga den Anspruch der Christen im Norden, die Legitimität des westgotischen Königtums wiederherzustellen. Dieser Anspruch wurde dann später zur Grundlage der Wiedereroberung, der im 11. Jahrhundert einsetzenden *Reconquista*.

Für das traditionell-katholische Spanien ist Covadonga bis heute Wallfahrtsort und nationales Heiligtum. Die islamische Geschichtsschreibung hat diese «Schlacht» hingegen nur beiläufig erwähnt. Vermutlich war sie für die zeitgenössischen Herrscher tatsächlich ohne Bedeutung, waren sie doch mit der Sicherung ihrer Macht in den südlichen und östlichen Kernländern sowie mit Vorstößen in Richtung Frankreich vollauf beschäftigt. Sicher war es auch so, daß die erobernden Araber und Berber an der dauerhaften Inbesitznahme der regengetränkten Gebirge des Nordens wenig Interesse hatten, da sie ihrem gewohnten Klima überhaupt nicht entsprachen. Wenn man die geographischen und die historischen Gegebenheiten vergleicht, ist dieser

Befund eindeutig: Die Grenze zwischen al-Andalus und dem nicht-muslimischen Norden ist nahezu identisch mit der Grenze zwischen dem trockenen und dem immerfeuchten Iberien. Eine bemerkenswerte Tatsache ist auch, daß die vor dem Kantabrischen Gebirge liegenden Ebenen des Duero-Beckens von den asturischen Königen systematisch entvölkert wurden, um einen Puffer zum muslimischen Herrschaftsbereich zu schaffen. So waren die sich formierenden christlichen Königreiche in ihrem Berg-Refugium vor muslimischen Übergriffen weitgehend sicher. Die Grenze zwischen islamischem und christlichem Herrschaftsbereich blieb für mehr als zwei Jahrhunderte relativ stabil.

Das umayyadische Emirat (756–929)

Nach der Elimination des Westgotenreiches herrschten in al-Andalus zunächst Gouverneure in Vertretung des umayyadischen Kalifen von Damaskus. Die Konsolidierung des Staatsgebildes im Inneren war schwieriger, als es die Unterwerfung der Goten gewesen war, denn die Araber brachten Clan-Rivalitäten und Stammesfehden mit, etwa zwischen Yemeniten, Nordarabern und Syrern. Außerdem kam es immer wieder zu Spannungen zwischen den Arabern und den gerade erst islamisierten Berbern. Die Lage änderte sich grundlegend durch die Ereignisse im Orient.

«Kalif» *(khalîfa)* bedeutet «Nachfolger (des Propheten)». Nach dem Tode Muhammads übernahmen zunächst die vier sogenannten «rechtgeleiteten» Wahlkalifen die Führung der jungen Gemeinde. 660 riß die Dynastie der Banû Umayya (Umayyaden oder Omejaden; *banû* bedeutet «Söhne, Clan, Sippe») die Macht an sich und verlegte die Hauptstadt von Medina nach Damaskus. Von Anfang an wurde ihr Machtanspruch von den Banû ʿAbbâs in Frage gestellt. 750 kam es zur entscheidenden Schlacht zwischen den beiden Clans; der umayyadische Kalif mußte fliehen und fand den Tod. Im selben Jahr wurden in Damaskus alle männlichen Mitglieder der Umayyaden-Familie in eine Falle gelockt und getötet; die Abbasiden übernahmen die Macht und verlegten die Hauptstadt nach Bagdad. Nur einem einzigen jungen Prinzen gelang es, dem Massaker von Damaskus zu entkommen. Sein Name: ʿAbd al-Rahmân, genannt al-Dâkhil, «der Eintretende». Vermutlich trug er diesen Beinamen schon in seiner Jugend, wegen seines «durchdringenden» Verstandes; später wurde der Name darauf bezogen, daß er in Spanien «eingedrungen» ist. Eine abenteuerliche Flucht führte den Umayyaden-Prinzen quer durch Nordafrika. Mit großem diplomatischem Geschick zog er die Berber-Stämme des Magreb, mit denen er durch seine Mutter verwandtschaftlich verbunden war, auf seine Seite. Sein Plan: die Einigung und Festigung von al-Andalus. Mit diesem Ziel setzte er am 14. August 755 nach Spanien über und ging in Almuñécar (südlich von Granada) an Land. Teils durch militärische Siege, überwiegend aber durch Verhandlungen gelang es ihm, die Macht im Lande zu übernehmen, wobei er sich auf seine Legitimität als Nachfahr der umayyadischen Kalifen und die Gefolgschaft der syrischen Fraktion im Lande stützen konnte. 756 zog er siegreich in Córdoba ein und machte es zur Hauptstadt von al-Andalus. Er proklamierte sich selbst zum Emir (amîr, «Befehlshaber»), womit er einerseits interne Autonomie beanspruchte, andererseits die Oberhoheit des abbasidischen Kalifats nominell anerkannte.

Mit der Errichtung des umayyadischen Emirats von Córdoba durch ʿAbd al-Rahmân I. wurde die islamische Herrschaft über Hispanien in feste, dauerhafte Formen gebracht. Seine weitsichtige Staatsführung war die Grundlage für den politischen und kulturellen Aufschwung des muslimischen Spanien. Eine gegen ihn gerichtete Militärexpedition des Kalifen von Bagdad konnte er abwehren. 778 rebellierten die Araber von Zaragoza gegen ihn und riefen Karl den Großen zu Hilfe; ʿAbd al-Rahmân I. konnte den Aufstand niederschlagen und dem Frankenheer eine empfindliche Niederlage zufügen. Die Nachhut unter Führung von Karls Paladin Roland wurde im Pyrenäental Roncesvalles von baskischen Guerrillakämpfern völlig aufgerieben; diese Episode ist später im altfranzösischen Rolandslied in epischer Breite dargestellt worden. Gegen Ende seiner Regierungszeit ließ der Emir den Grundstein für die Moschee von Córdoba legen, die dann seine Nachfolger Schritt für Schritt erweitert haben – ein starkes, dauerhaftes Symbol der muslimische Besitzergreifung von Hispanien (s. u. S. 113).

In der Regierungszeit des Emirs al-Hakam I. unternahm Karl der Große, nunmehr zum Kaiser gekrönt, erneut einen Vorstoß über die Pyrenäen. 801 eroberte sein Sohn Ludwig der Fromme die Stadt Barcelona und errichtete die *Marca hispanica* als Pufferzone zwischen dem Frankenreich und al-Andalus. Dies ist die Keimzelle des späteren Kataloniens, das schon früh aus der islamischen Geschichte Spaniens ausschied und sich nach Norden, nach Europa orientierte. Im Westen der Halbinsel kehrten die Siedler allmählich wieder in die Weiten des Duero-Bekkens zurück; man spricht hier noch nicht von *reconquista*, «Wiedereroberung», sondern von *repoblación*, «Wiederbesiedlung», weil die Region ja zuvor für mehrere Generationen unbewohnt gewesen und eine «strategische Wüste» geworden war. Die Grenze verlief nun für lange Zeit von Katalonien über den aragonesischen Pyrenäenrand durch das obere Ebro-Tal, um schließlich dem Verlauf des Duero (portugiesisch Douro) zu folgen. Die Zeit des Emirats war gekennzeichnet durch Stabilität nach außen bei gleichzeitigem Kampf gegen zentrifugale Kräfte im Inneren. Von den zahlreichen Rebellionen gegen die cordobesische Macht seien hier nur zwei – ganz verschiedenartige – dargestellt: die christliche Märtyrerbewegung von Córdoba und die Rebellion von ʿUmar ibn Hafsûn.

Unter der muslimischen Herrschaft genossen die Christen (wie auch die Juden) Religionsfreiheit. Sie konnten ihren Kult frei ausüben, ihre Glocken läuten und ihre internen Angelegenheiten weitgehend autonom regeln. Niemand wurde zur Konversion gezwungen. Selbst Eulogius, glühender Islamhasser und Anstifter zum freiwilligen Märtyrertum in Córdoba, mußte zugeben, daß «wir nicht gewaltsam zum Übel der Heiden gezerrt werden». Die Christen wurden «Mozaraber» genannt, Menschen, die sich kulturell arabisiert hatten, aber nicht zum Islam übergetreten waren. Mitte des 9. Jahrhunderts kam es zu einer antiislamischen Bewegung der Mozaraber in Córdoba; sich gegenseitig anfeuernd provozierten einige Christen ihren eigenen

Märtyrertod, indem sie öffentlich, ins Gesicht der religiösen Richter, den Propheten schmähten und beleidigten. Der erste Fall dieser Art setzte den betroffenen Kadi «in allerhöchstes Erstaunen und Verwirrung», denn unweigerlich mußte die öffentliche Lästerung von Muhammad mit dem Tode bestraft werden. Zwischen 850 und 859 fanden so insgesamt 46 Christen den Tod. Diese Art des Widerstands gegen das islamische Regime war auch unter den Christen selbst umstritten. Die Bischöfe von Córdoba und Sevilla versuchten, die Bewegung zu stoppen, denn sie gefährdete das gute Zusammenleben zwischen den Religionen. Ob ein solcher selbst provozierter Tod wirklich als Märtyrertum gelten könne, war höchst umstritten; die Mehrheitsmeinung hat den Märtyrerstatus, wie er aus den Heiligenlegenden der Spätantike bekannt war, nicht anerkannt. Man muß diese Bewegung wohl als ein Phänomen der Massenhysterie und der religiösen Exaltation interpretieren, entstanden in der geistig und geistlich verworrenen Atmosphäre einer Gesellschaft, in der drei Monotheismen mit ihrem jeweiligen Absolutheitsanspruch unvermittelt aufeinanderprallten. Vielleicht war die Bewegung eine Reaktion frommer Christen auf die massenweise Konversion ihrer Glaubensbrüder zum Islam; auch vereinzelte Bekehrungen zum Judentum sind in jener Zeit vorgekommen. Jedenfalls hat es – freiwilliges oder unfreiwilliges – Märtyrertum in al-Andalus später nie wieder gegeben.

Viel typischer für die internen Konflikte in al-Andalus ist der Aufstand von 'Umar ibn Hafsûn, der die Zentralmacht in Córdoba ab 879 fast vierzig Jahre lang in Atem hielt und zeitweise eine ernste Bedrohung für ihren Fortbestand war. Ibn Hafsûn war Nachkomme eines westgotischen Grafen, der zum Islam übergetreten war. Seine Revolte führte er nach Art eines Robin Hood: Er stachelte das Volk gegen die Willkür und die erdrückenden Steuerlasten der Zentralregierung auf, versprach den Armen, sie vom Sklavenjoch der Araber zu befreien, und beschützte ritterlich die Frauen. In einer wechselvollen Geschichte, die bis zu seinem Tod im Jahre 918 währte, war er gelegentlich mit dem Emir von Córdoba verbündet, meist aber im Kriegszustand mit ihm. Von seiner uneinnehmbaren Festung Bobastro aus (im Bergland nördlich von Málaga) kontrollierte er den ganzen Süden von al-Andalus; die Macht des Emirs reichte zeitweise kaum über die Hauptstadt hinaus. Er stand in diplomatischer Verbindung mit dem Frankenreich, mit den Aghlabiden in Nordafrika und mit den abbasidischen Kalifen in Bagdad. Sein Traum war es, das arabische Emirat zu vernichten und eine Herrschaft der einheimischen Muslime, der *muladíes*, zu installieren, nominell dem Kalifat unterstellt, de facto aber unabhängig. Es gibt Berichte, wonach er 891 zum Christentum zurückgekehrt sei, aber das ist nicht sicher verbürgt. Das lange Ringen mit dem Emirat fand erst gegen Ende seines Lebens ein Ende, als er kriegsmüde einen ehrenvollen Frieden für sich und seine Söhne aushandelte. Seine Festung Bobastro wurde nie eingenommen, er wurde niemals in offener Feldschlacht besiegt. Erst vor dem umayyadischen Emir ʿAbd al-Rahmân III., der sich später selbst zum Kalifen proklamierte, war er bereit, seine Waffen zu strecken.

Bis zur Errichtung des Kalifats hatte Córdoba fast permanent mit Aufständen aller Art und Größe zu kämpfen; die vielfältigen internen Spannungen des islamischen Staatsgebildes führten zu ständigen Konflikten. Es war ʿAbd al-Rahmân III. vorbehalten, dem Reich eine Zeit des inneren Friedens zu bringen.

Das Kalifat von Córdoba (929–1031)

ʿAbd al-Rahmân III., genannt al-Nâsir, «der Sieger», trat seine Herrschaft 912 an; als er 961 starb, hatte er (nach dem islamischen Mondkalender) volle fünfzig Jahre regiert – die längste und glanzvollste Herrscherperiode in der Geschichte von al-Andalus. Er war zunächst damit befaßt, die immer wieder aufflammenden Rebellionen zu ersticken und so das Reich intern zu befrieden. Unterdessen war in Nordafrika eine neue äußere Bedrohung entstanden. Die schiitische Dynastie der Fatimiden hatte 909 das Kalifat ausgerufen und bildete damit erstmals eine Gegenmacht für die Abbasiden. Al-Nâsirs Entschluß, sich ebenfalls zum Kalifen zu proklamieren, war vor allem dadurch motiviert, dem schiitischen Anspruch auf Führung der islamischen Weltgemeinschaft einen sunnitisch-orthodoxen Führungsanspruch entgegenzusetzen. Im Januar 929 ließ al-Nâsir von allen Kanzeln verkünden, er sei hinfort als rechtmäßiger Kalif mit ʿamîr al-muʾminîn, «Beherrscher der Gläubigen», anzusprechen. In diesem symbolischen Akt kommt das immense Selbstbewußtsein des umayyadischen Herrschers von al-Andalus zum Ausdruck – ein Stolz, der sich sehr wohl auf Tatsachen stützen konnte. 931 besetzte al-Nâsir die nordafrikanische Stadt Ceuta und schob damit der Expansion der Fatimiden einen Riegel vor; diese zogen sich nach Ägypten zurück und machten Kairo zu ihrer Hauptstadt.

In den folgenden Jahren führte der Kalif eine Reihe erfolgreicher Feldzüge gegen die christlichen Königreiche des Nordens, wobei er es auch mit einer neuen, sich von León verselbständigenden Macht zu tun hatte: der Grafschaft Kastilien unter der Führung des in der späteren spanischen Epik besungenen Grafen Fernán González. Diese zunächst noch kleine Region – in den arabischen Quellen al-qilâʿ genannt, «die Burgen», in wörtlicher Übersetzung des lateinisch-spanischen Castilla – sollte Generationen später zur wichtigsten Macht auf der Iberischen Halbinsel aufsteigen und al-Andalus schließlich vernichten. Unter al-Nâsir hatten die christlichen Reiche jedoch noch keinerlei Chancen zur Ausdehnung. Es gelang dem Kalifen nicht nur, sie militärisch im Zaum zu halten; er sowie sein Sohn und Nachfolger brachten sie auch dazu, ihnen zu huldigen, sich bereitwillig zu unterwerfen und ihrer glanzvollen Herrschaft Bewunderung, ja Verehrung entgegenzubringen.

Nicht unerheblich trug dazu die Residenz Madînat al-Zahrâʾ wenige Kilometer westlich von Córdoba bei, eine Art andalusisches Versailles, mit dessen Bau al-Nâsir 936 begann. Den einstigen Glanz dieses Palastes lassen die mittlerweile ausgegrabenen Überreste kaum mehr erahnen, doch lebt er in den Beschreibungen von Zeitgenossen fort. Die deutsche Nonne Roswitha von Gandersheim nannte Córdoba «die herrliche Zierde der Welt». Dichtung und Bildung gelangten zu einem ersten Höhepunkt. Der irakische Musiker, Sänger, Dichter und *arbiter elegantiae* Ziryâb brachte die neuesten kulturellen Strömungen,

Das Kalifat von Córdoba (929–1031)

Von Madînat al-Zahrâ', dem andalusischen Versailles, das die Kalifen in der Nähe von Córdoba anlegten, sind nur bescheidene Reste erhalten.

Moden und Künste aus dem kalifalen Bagdad ins nunmehr ebenfalls kalifale Córdoba. Der Dichter, Philologe und Grammatiker al-Qâlî tat dasselbe mit seiner Bibliothek arabischer Klassiker und mit seinem geschliffenen Sinn für sprachliche Feinheiten. Córdoba ahmte den Glanz des Orients so gut nach, daß es ihn bald eingeholt, ja in manchen Bereichen überflügelt hatte.

ʿAbd al-Rahmân al-Nāsirs Sohn al-Hakam II. übernahm die Macht mit 47 Jahren, nachdem er die beste Erziehung genossen hatte und sich intensiv auf sein Amt hatte vorbereiten können. Er führte das Kalifat von Córdoba zum Höhepunkt seiner Macht. Der Handel blühte; die Menschen priesen den Herrscher, der ihnen den Frieden nach innen wie nach außen beschert. Al-Hakam war militärisch an allen Fronten erfolgreich. Noch mehr als für den Krieg interessierte er sich aber für Kultur und Kunst. Er ließ die Moschee von Córdoba auf doppelte Größe ausbauen und vollendete den Bau von Madînat al-Zahrâ'. Könige und Botschafter, darunter diejenigen des deutschen und des byzantinischen Kaisers, die diese Palastanlage besuchten, waren zutiefst beeindruckt vom Glanz des Kalifats. Seine Bibliothek umfaßte 400 000 Bände, Manuskripte aus Literatur, Philosophie und allen Bereichen der Wissenschaft. Die Großstadt Córdoba war die bedeutendste Metropole in Westeuropa, zu einer Zeit, als Paris oder London noch dörflich waren. Weltweit waren nur Konstantinopel, Bagdad sowie Chang-An, die Hauptstadt des fernen chinesischen Reiches, vergleichbar.

Al-Hakam beging zwei Fehler, mit denen er die Keimzelle zum raschen Untergang des Kalifats legte: Zum einen erklärte er seinen unmündigen Sohn Hishâm zum Nachfolger, obgleich es in seiner Familie genügend erfahrene Staatsführer gegeben hätte; zum anderen räumte er berberischen Söldnern zu viel Macht im Hofleben ein. Die fremden Soldaten sollten wenige Jahrzehnte später das Kalifat zu Fall bringen; die Unmündigkeit seines Sohnes, der bei seiner Thronbesteigung 976 gerade einmal zwölf Jahre alt war, führte zu Intrigen, Morden und schließlich zur Regentschaft der Banû ibn Abî ʿÂmir (Amiriden), die für die kommenden Jahre das Heft in der Hand behielten. Beide Faktoren verstärkten sich gegenseitig. Schon 977 übernahm Muhammad ibn Abî ʿÂmir, genannt al-Mansûr, «der Siegreiche», die Macht; da er wußte, daß er sich auf den einheimischen Adel nicht verlassen konnte – dessen Loyalität galt den Umayyaden –, holte er immer mehr berberische Söldner ins Land. Al-Mansûr, der unter seinem hispanisierten Namen *Almanzor* berühmt wurde, war die beherrschende Gestalt des ausgehenden Jahrtausends. In der christlichen Geschichtsschreibung wurde er als unbezwinglicher Krieger geradezu ein Mythos. Er unternahm etwa fünfzig Kriegs- und Beutezüge gegen die christlichen Reiche des Nordens. Am bekanntesten wurde die Plünderung von Santiago de Compostela (997), dem Heiligtum des maurentötenden Apostels Jakob, das mit seiner Lage am «Ende der Welt» *(Finisterre)* in Galicien zwar keinerlei strategische Bedeutung hatte, das aber als bis dahin unbesiegtes christliches Réduit von großer psychologischer Bedeutung war. Santiago wurde nicht dauerhaft eingenommen, aber als Zeichen der Demütigung mußten die Christen die Glocken zu Fuß von Santiago nach Córdoba tragen. (1236 zwang der kastilische König Ferdinand III. die Mauren des wiedereroberten Córdoba, die Glocken nach Santiago zurückzutragen).

Über alledem darf nicht vergessen werden, daß al-Mansûr ein geschickter Diplomat war und daß die christlichen Fürsten bereitwillig mit ihm paktierten. Die Könige von Navarra und León boten ihm ihre Töchter als Frauen an. Der Verbindung mit der Prinzessin von Navarra (die nach ihrer Konversion zum Islam ʿAbda hieß) ist ʿAbd al-Rahmân entsprossen, der nach seinem Großvater Sancho den Beinamen Sanchuelo erhielt; 992 kam König Sancho von Navarra nach Córdoba, um al-Mansûr zu huldigen und seinem muslimischen Enkel die Hände und Füße zu küssen. Als äußeres Zeichen seiner Macht wie auch aus Sicherheitsgründen ließ al-Mansûr eine neue Residenz außerhalb von Córdoba errichten, die er al-Zâhira nannte, «die Blühende», in Konkurrenz zum kalifalen al-Zahrâ'. Al-Mansûr drehte das Rad des geistigen Fortschritts gegenüber der Blütezeit des Kalifats wieder zurück; als frommer Muslim ließ er einen Teil von al-Hakams riesiger Bibliothek verbrennen, vor allem Bücher mit philosophischem und wissenschaftlichem Inhalt. Man sagt, er habe immer einen eigens für ihn handgeschriebenen Koran bei sich getragen.

Unter al-Mansûr und seinem Sohn ʿAbd al-Malik war al-Andalus äußerlich gesehen so mächtig und geeint wie nie zuvor; unter der Oberfläche hatte es aber schon zu brodeln begonnen. Die den Umayyaden loyal ergebene Klasse der Araber aus altem Adel und der hispano-romanischen *muladíes* sah den Aufstieg der Berber, auf die sich die Amiriden vor allem stützten, mit Argwohn und Mißgunst. Die Herrschaft lag uneingeschränkt in der Hand der Amiriden; allerdings erkannten sie die Oberhoheit des Kalifen nominell immer noch an. Dies änderte sich, als ʿAbd al-Malik 1008 starb und die Regierung auf seinen Bruder Sanchuelo überging. Diesem war die Machtfülle seiner Familie zu Kopf gestiegen, und er griff nach dem Kalifat, indem er Hishâm II. dazu zwang, ihn zu seinem Nachfolger zu erklären. Zuvor hatten die staatstragenden Kräfte in Córdoba die diktatoriale Macht der Amiriden anerkannt, wenn auch vielleicht zähneknirschend; dieser Schritt von Sanchuelo war jedoch der Tropfen, der das Faß zum Überlaufen brachte. Eine Revolte brach los gegen den schwachen Umayyaden auf dem Kalifenthron und gegen seinen allmächtigen Regenten. Dies war der Anfang vom Untergang des Kalifats von Córdoba.

Die Periode von 1009 bis 1031 heißt auf arabisch *fitna*, «Verwirrung»; es ist eine Zeit blutiger Palastrevolten und Bürgerkriege, an deren Ende das glanzvolle umayyadische Kalifat vernichtet war. Die *fitna* begann im August 1009 mit einer Palastrevolte des Umayyaden Muhammad gegen seinen eigenen Blutsverwandten, den Kalifen Hishâm II. Er erklärte sich selbst zum mythischen *mahdi*, «Führer», tötete Sanchuelo, den letzten Amiriden, plünderte und zerstörte den Palast von al-Zâhira, Symbol der amiridischen Macht, und wütete gegen die Berber. Die ethnischen Spannungen, von den Kalifen bis dahin im Zaum gehalten, brachen nun in voller Schärfe aus. Die Berber proklamierten Sulaymân ibn al-Mustaʿîn als Gegenkalifen und fielen ihrerseits brandschatzend in Córdoba ein. Mit Hilfe christlicher Truppen aus Barcelona konnte Muhammad die Stadt zurückerobern, die Verwüstungen gingen unter umgekehrten Vorzeichen weiter. Schließlich gelang es dem entthronten und zeitweise für tot erklärten Kalifen Hishâm II., die Macht zurückzugewinnen, aber nur für kurze Zeit; er war zum Spielball der sich bekriegenden Fraktionen geworden. Vermutlich wurde er von Sulaymân ermordet. 1016 zettelte ʿAlî ibn Hammûd, arabischer Gouverneur von Ceuta, einen Aufstand an, zog über Málaga nach Córdoba, tötete Sulaymân wegen seines Kalifenmordes und erklärte sich selbst zum Kalifen. Die Herrschaft der Hammudiden währte nur wenige Jahre. Das Volk von Córdoba, des ewigen Zwistes müde, versuchte es mit einer Restauration der umayyadischen Dynastie: 1023 bestieg ʿAbd al-Rahmân V. al-Mustazhir, ein begabter Dichter, kaum volljährig geworden den Thron; nach nur 47 Tagen wurde er von einem wütenden Mob in seinem Harem ermordet, und ein Verwandter wurde als Kalif Muhammad III. al-Mustakfî auf den Thron gehoben. Dieser al-Mustakfî war übrigens der Vater der berühmten Dichterin

Wallâda (s. u. S. 109). Aber die Hammudiden sannen auf Rache und fegten ihn 1025 wieder hinweg. Im Lande hatten sich unterdessen neue Machtzentren gebildet; unter dem Druck der erstarkenden Abbadiden von Sevilla mußte der letzte Hammudide 1027 aus Córdoba fliehen. Erneut war ein Machtvakuum entstanden; ein letztes Mal versuchten es die Cordobesen mit der Restauration der umayyadischen Dynastie. Sie machten einen überlebenden Angehörigen dieser Familie in einem ostspanischen Dorf ausfindig, einen einfachen Weber, und beriefen ihn zum Kalifen. Anfangs war er nicht begeistert von der Aussicht auf den Thron im Hexenkessel von Córdoba, doch ließ er sich überreden und marschierte 1029 in der Hauptstadt ein. Dieser Hishâm III. al-Mu'tadd war der letzte Kalif aus dem Geschlecht der Umayyaden. Die Macht stieg ihm zu Kopf, er versuchte trotz leerer Staatskassen kalifalen Prunk zu entfalten. Rebellionen gegen seinen Wesir und schließlich gegen ihn selbst waren die Folge. Das Volk von Córdoba hatte endgültig genug. Der Kalif wurde zunächst eingekerkert und dann nach Lérida verbannt, wo er den Rest seiner Tage so ärmlich verbrachte, wie er sie begonnen hatte. Abû Hazm ibn Djahwar, Angehöriger einer alten arabischen Familie, die mit dem ersten Umayyaden nach Spanien gekommen war, und hochangesehener Bürger der Stadt, erklärte am 30. November 1031 das Kalifat von Córdoba für aufgelöst. Nach 275 Jahren fand die ruhmreiche Herrschaft der umayyadischen Emire und Kalifen von al-Andalus ein unrühmliches Ende.

Woran ist dieses Reich gescheitert? Diese Frage beschäftigt die Gemüter, von den Zeitgenossen wie Ibn Hazm und Ibn Hayyân über den großen tunesischen Universalhistoriker Ibn Khaldûn bis in unsere Gegenwart. Hauptursache für diese Katastrophe war der Ausbruch ethnischer Konflikte, aber nicht einfach zwischen Berbern und Arabern, vielmehr muß man das differenzierter sehen.

Spanien wurde durch gemischte arabische und berberische Truppen erobert, wobei die Berber zahlenmäßig weit überlegen waren. Diese Berber waren bereits arabisiert oder sie assimilierten sich rasch und gründlich an die herrschende arabische Kultur, so sehr, daß sie oft ihre berberischen Namen aufgaben und sich altarabische Stammbäume erfanden. Zwar lebte unter den arabischen Adligen ein Bewußtsein ihrer Herkunft und Genealogie fort, doch waren die verschiedenen ethnischen Komponenten – einschließlich der zum Islam konvertierten Hispano-Romanen, der *muladíes*, und der beim Christentum verbliebenen Mozaraber – zu einer relativ homogenen Bevölkerung verschmolzen. Dies änderte sich in der zweiten Hälfte des 10. Jahrhunderts, als die Kalifen und später ihre allmächtigen Wesire, die Amiriden, berberische Söldner zur Stützung ihrer Macht ins Land holten. Diese Neuankömmlinge aus Nordafrika galten den alteingesessenen Andalusiern mit ihrer raffinierten Kultur und Lebensweise als ungebildet, barbarisch und unwillig zur Integration. Die berberischen Söldner, hochbezahlt und mit Ländereien beschenkt, erregten den Neid der einheimischen Bevölkerung. Diese neue ethnische Gruppe dachte und empfand noch sehr stark in Kategorien der Solidarität in der Sippe (arabisch *'asabiyya*); sie kapselten sich von der Mehrheitsgesellschaft ab und pflegten ihre Beziehungen zu den zurückgebliebenen Stammesbrüdern in Afrika, die ihrerseits in jahrhundertealten Fehden miteinander lagen. Letztlich war die Palastrevolte von Muhammad al-Mahdî eine Reaktion gegen die Unterwanderung des umayyadisch-amiridischen Staates durch diese neu angekommenen Berber.

Ein weiteres destabilisierendes Element waren die Sklaven aus Mittel- und Osteuropa und ihre Nachkommen, die über Sklavenmärkte, etwa in Verdun und Arles, ins Kalifenreich verkauft wurden. Die Kalifen setzten Nachfahren solcher Sklaven für Verwaltungsposten und für ihre persönliche Leibgarde ein, so daß es einige von ihnen zu Reichtum und Macht brachten. Diese ethnische Gruppe erscheint in den arabischen Quellen als *saqâliba* (Plural von *saqlab*, «Slawe; Sklave». In den späten Tagen des Kalifats hatte die Staatsmacht nicht mehr genügend Autorität, diese verschiedenen Gruppierungen zusammenzuhalten; der Staat brach wegen sozialer Mißgunst und aus blankem Haß zwischen den Ethnien auseinander; zeitgenössische Historiker sprachen von «natürlicher Aversion».

Der Islam ist theoretisch eine Religion der Gleichheit. Der Prophet wurde nicht müde, die Gleichheit aller Menschen vor Gott zu predigen. In der Überlieferung gilt die 'asabiyya, die ausgrenzende Stammes-Solidarität, als Sünde, als Abkehr von diesem Gleichheitsprinzip, und wird daher abgelehnt: «Wer zur 'asabiyya aufruft, für sie kämpft oder für sie stirbt, gehört nicht zur Gemeinschaft der Muslime» (so ein Ausspruch des Propheten). Die Einheit der Religion als Glaubensgemeinschaft steht über der genealogisch definierten Stammes-Solidarität. Dennoch war und ist eben diese 'asabiyya eine Grundkraft der islamischen Geschichte, wie schon Ibn Khaldûn betont hat; in seinem Werk ist dieser Begriff zentral für die Erklärung historischer Prozesse. So hat der große Geschichtsphilosoph wohl doch recht, wenn er den Untergang des Kalifats von Córdoba darauf zurückführt, daß die aus dem Beduinentum herrührende Stammes-Solidarität in das städtisch-zivilisierte al-Andalus zurückkehrte und sein Staatsgebilde zum Einsturz brachte. Das Projekt eines aufgeklärten islamischen Staates, in dem die Völker in Frieden miteinander leben, von dem Umayyaden 'Abd al-Rahmân I. al-Dâkhil mit prophetischer Weitsicht begründet und von seinen Nachfolgern mit Geduld und Hartnäckigkeit weiterverfolgt, ging an den in der *fitna* aufgebrochenen ethnischen Konflikten zugrunde.

Mit dem Untergang der Zentralmacht kam die Zersplitterung in miteinander kämpfende Kleinstaaten. Die *fitna* selbst spielte sich in der Hauptstadt Córdoba ab; in ihrem Gefolge jedoch flohen zahlreiche führende Köpfe aus der Metropole oder wurden verbannt. Die Dezentralisierung der Macht hatte die Dezentralisierung der kriegerischen Auseinandersetzungen zur Folge; statt Fraktionen im innerstädtischen Sozialgefüge kämpften nun Könige gegeneinander. Die Entstehung der Taifa-Königreiche ist eine unmittelbare Folge der *fitna*.

Eine mittelbare Folge der *fitna* ist von noch erheblich größerer Tragweite: Der Zusammenbruch des Kalifats führte zum Verlust der militärischen und politischen Macht; das Maurische Spanien war in seiner Zersplitterung auf Dauer zu schwach, um äußeren Bedrohungen die Stirn bieten zu können. Es hatte der christlichen Reconquista und den islamisch-fundamentalistischen Eroberern aus Nordafrika nichts mehr entgegenzusetzen und wurde zwischen den Blöcken zerrieben. Die Rechristianisierung Spaniens bis hin zur völligen Auslöschung aller islamischen Reminiszenzen hat hier ihren Ursprung. Im Untergang des Kalifats von 1031 waren die Eroberungen von 1248 und 1492 bis hin zur Vertreibung von 1609 im Keim bereits angelegt.

Die Taifa-Königreiche (1009–1095)

Die Entstehung der Taifa-Königreiche (vom arabischen *tâ'ifa*, «Schar, Gruppe, Partei, Sekte») fällt zum Teil bereits in die letzten Jahre des Kalifats: Noch als es nominell eine Zentralmacht gab, begannen lokale Machthaber, sich von Córdoba unabhängig zu machen. Am Ende der *fitna* glich die Landkarte von Spanien einem Flickenteppich von bis zu sechzig einzelnen Staatsgebilden – einem Teppich allerdings, der in ständigem Wandel begriffen war, denn die neu entstandenen Reiche mit ihren «kleinen Königen» (spanisch *reyezuelos*, englisch *petty kings*) bekämpften einander in wechselnden Konstellationen. Um die komplexe und unübersichtliche Geschichte dieser Epoche systematisch darzustellen, ist es sinnvoll, nach den ethnischen Zugehörigkeiten der jeweiligen Dynastien zu fragen, denn das Kalifat war an seinen ethnisch definierten Sollbruchstellen zerfallen.

Besonders bemerkenswert verlief die Entwicklung im postkalifalen Córdoba selbst. Die Bürger der Stadt erkannten einen der Ihren, den Araber Abû Hazm ibn Djahwar als Führungspersönlichkeit an. Ibn Djahwar hatte den letzten Umayyaden-Kalifen in die Hauptstadt berufen und wieder abgesetzt. So war es nur natürlich, daß die Gemeinde die Herrschaft in seine Hände legen wollte. Ibn Djahwar war dazu bereit, weigerte sich jedoch, einen Titel anzunehmen und im Palast des Kalifen zu residieren; außerdem bat er sich aus, die Macht mit zwei Wesiren zu teilen, und er berief einen Staatsrat für die Führung der Amtsgeschäfte. So entstand anstelle eines Königreiches eine Art Republik, ein einmaliger Vorgang in der mittelalterlichen Geschichte der Iberischen Halbinsel. Abû Hazm ibn Djahwar sah sich nicht als Fürst, sondern als «Hüter der Gemeinschaft». Die Stadt wurde, nach all den Jahren der Kriegswirren, zu einem Ort des Friedens. Kriegsherren anderer Reiche fanden in Córdoba eine Zuflucht, wenn sie besiegt worden waren. Ibn Djahwar versuchte den neuen Taifa-Königen die weise Oberherrschaft des Staatsrats von Córdoba schmackhaft zu machen, aber nie mit Waffengewalt; dementsprechend gering waren seine Erfolge, die Nachbarn ignorierten ihn einfach. Ebenso bemühte er sich, zwischen streitenden Reichen zu vermitteln, so zwischen Sevilla und Badajoz, aber auch dies ohne Erfolg. Sein Sohn Abû l-Walîd ibn Djahwar führte die Friedenspolitik fort. Erst unter dessen Sohn ʿAbd al-Malik kam es zum Niedergang; machtgierig eliminierte er seinen Bruder, führte klangvolle Titel ein und verlangte, daß sein Name im Freitagsgebet genannt würde, was die Bürgerschaft gegen ihn aufbrachte. 1069 fiel das geschwächte Córdoba dem mächtigen Nachbarn Sevilla wie eine reife Frucht in den Schoß.

Auch in Sevilla herrschte eine arabische Dynastie, die Abbadiden. Schon ihr Begründer, Abû l-Qâsim ibn ʿAbbâd, sah den Aufbau einer starken Streitmacht als seine Hauptaufgabe an; dazu organisierte er ein Heer aus Söldnern verschiedenster Herkunft, Sklaven, Berber und Christen. Damit legte er den Grundstein für die Eroberungen der folgenden Jahrzehnte. Sein Sohn al-Muʿtadid mehrte die Macht Sevillas mit einer Mischung aus Schläue und Grausamkeit. Er rang all seine kleineren und größeren Nachbarn nieder und machte Sevilla zum größten Taifa-Königreich im Süden von Spanien. Man sagt, daß er die Schädel seiner ermordeten Gegner sammelte. Zugleich war er ein großer Förderer der Künste; seinem Sohn al-Muʿtamid vererbte er die Neigung zur Dichtkunst. Als dieser 1068 knapp dreißigjährig den Thron bestieg, schien die Herrschaft der Abbadiden gefestigt; Sevilla war dabei, ein neues Córdoba zu werden.

Das bewegte Leben von al-Muʿtamid steht emblematisch für den Glanz und die Tragik des Taifa-Zeitalters. In seiner Jugend ergab er sich dem Genuß von Liebe, Freundschaft, Wein und Natur und besang all dies in Liedern, die ihn zu einem der bedeutendsten Dichter von al-Andalus machten. Kumpan seiner Liebesabenteuer und seiner nächtlichen Gelage im (heute portugiesischen) Silves war Ibn ʿAmmâr, der in spanischen Romanzen als *Abenamar* populär blieb. Berühmt ist die Liebesgeschichte mit Rumaykiyya: Die beiden Freunde lustwandeln am abendlichen Guadalquivir, Verse improvisierend; da ertönt aus dem Gebüsch die geistvolle Antwort einer Wäscherin, die eine Vershälfte so geschickt ergänzt, daß der junge Prinz sich allein deswegen unsterblich verliebt. Er heiratet sie und besingt sie unter einem Namen, der aus derselben Wurzel abgeleitet ist wie sein eigener: *Iʿtimâd*, «Vertrauen», nach *Muʿtamid*, «vertrauend». Beide blieben einander treu ergeben bis zum bitteren Ende im Exil.

Al-Muʿtamid eroberte nach und nach die Taifa-Reiche seiner Umgebung; der größte Machtzuwachs fiel ihm mit der Einnahme von Córdoba zu. Dann wandte er sich weiter nach Osten. Er schickte seinen Vertrauten Ibn ʿAmmâr zur Eroberung des Königreiches von Murcia aus, das dieser mit Hilfe des christlichen Grafen Ramón Berenguer von Barcelona einnehmen konnte. Vom Erfolg verblendet griff Ibn ʿAmmâr selbst nach der Macht und verriet seinen königlichen Freund; er versuchte, ein eigenes Taifa-Königreich im Osten der Halbinsel zu errichten. Doch bald fiel er dem König von Zaragoza in die Hände, der den Verräter nach Sevilla auslieferte. 1084 erschlug al-Muʿtamid, vom Zorn übermannt, Ibn ʿAmmâr, den Gefährten seiner Jugend, in dessen Kerkerverlies eigenhändig mit der Axt.

In seiner Blütezeit erstreckte sich al-Muʿtamids Herrschaftsgebiet von der Algarve über Gibraltar und Córdoba bis nach Murcia; er hatte unter allen Taifa-Königen eine unumstrittene Führungsrolle erlangt. So fiel ihm auch die Rolle des Verhandlungsführers zu, als 1085 eine vereinigte christliche Streitmacht unter der Führung des kastilischen Königs Alfons VI. Toledo einnahm, das als ehemalige Hauptstadt des Westgotenreiches hohe politische Symbolkraft hatte. Al-Muʿtamid suchte Hilfe bei den berberischen Almoraviden, die ihm zunächst zu Hilfe eilten, dann aber selbst die Macht an sich rissen und die Taifa-Königreiche hinwegfegten. Al-Muʿtamid selbst leistete den Berber-Heeren heldenhaften Widerstand, er verteidigte Sevilla gegen den almoravidischen Angriff. Seinem Sohn soll er gesagt haben: «Kämpfe, denn der Tod ist besser als die Schande. Der Weg der Könige führt vom Thron ins Grab.» Doch aller Heldenmut war vergeblich; 1091 wurde Sevilla erobert, der König mit seiner Familie gefangen gesetzt und in Aghmât, am Fuß des Hohen Atlas südlich von Marrakesch, angekettet. Die letzten Lebensjahre verbrachte der glanzgewohnte Dichterkönig in schmählicher Erniedrigung und Armut. Nur sein treuer Dichterfreund Ibn al-Labbâna besuchte ihn in seiner Einsamkeit.

Aufstieg und Fall dieses Königs sind exemplarisch für die strahlende, aber fragile Welt der Taifa-Reiche. Diese kleinen Königtümer waren kulturelle Zentren ohnegleichen, wetteifernd miteinander um die besten Künstler, die begabtesten Dichter, wie die Stadtstaaten des alten Griechenlands oder Italiens während der Renaissance. Aber politisch-militärisch waren sie schwach, und so wurden sie zerrieben zwischen den Mühlsteinen des christlichen Nordens und des fundamentalistisch-islamischen Südens.

Neben den Banû Djahwar und den Banû ʿAbbâd bildeten die Banû Hûd eine dritte bedeutende Dynastie arabischer Herkunft. Sie herrschten über die nordöstliche Mark, also die Grenzgebiete zu Aragón und Katalonien, mit der Hauptstadt Zaragoza. Auch ihr Hof war ein Zentrum der Kultur; hier wurden Dichterphilosophen wie der Jude Ibn Gabirol (s. u. S. 89) und der Araber Ibn Bâddja (Avempace, s. u. S. 91) ausgebildet und gefördert. Militärisch mußten sich die Banû Hûd gegen die erstarkenden Nachbarn im christlichen Norden behaupten, sie paktierten aber auch mit ihnen, wenn es opportun erschien. So konnten sie ihren Machtbereich bis an die Mittelmeerküste, von Tortosa bis Denia, erweitern. In die Regierungszeit des Hudiden Ahmad ibn Hûd, genannt al-Muqtadir, fällt die christliche Eroberung von Barbastro, einer strategisch wichtigen Festung im Pyrenäenvorland bei Huesca. Sie wurde 1064 nach langer Belagerung von einer paneuropäischen Rittertruppe unter normannischer Führung erobert und gebrandschatzt. Die christlichen Führer brachen das Versprechen von freiem Geleit, töteten alle wehrfähigen Männer und verkauften die Frauen in die Sklaverei. Die Muslime von al-Andalus waren entsetzt; urplötzlich wurde ihnen vor Augen geführt, daß ihre blühenden Reiche «auf Sand gebaut waren», wie der zeitgenössische Historiker Ibn Hayyân schrieb, und eine Vorahnung der kommenden Katastrophen erfaßte die Menschen. Immerhin konnte al-Muqtadir die Festung Barbastro schon im kommenden Jahr zurückerobern. Zum Zeichen seines Triumphes errichtete er die – bis heute zu bewundernde – Aljafería in Zaragoza. Auch in der Folgezeit erging es den Banû Hûd von Zaragoza vergleichsweise gut; die almoravidischen Eroberer verschonten vorerst ihr Reich, weil sie es für die Konfrontation mit den christlichen Nachbarn im Norden für nützlich hielten. Erst 1110 wurde das Hudiden-Reich dem Imperium der Almoraviden unterworfen, nur wenige Jahre bevor es Alfonso el Batallador von Aragón endgültig für das Christentum eroberte.

Die meisten anderen Taifa-Reiche standen unter der Herrschaft von Berber-Dynastien. Hier können nur historisch bedeutsame exemplarisch erwähnt werden.

Die nordwestliche Grenzmark beherrschten die Aftasiden (Banû Aftas) von ihrer Hauptstadt Badajoz aus, mit Städten wie Mérida, Coimbra und Lissabon, also die heutige Extremadura und Zentralportugal. Sie entstammten dem alten Berber-Geschlecht der Miknâsa (vergleiche die marokkanische Königsstadt Meknes), das schon bei der Eroberung von al-Andalus beteiligt gewesen war. Unter den Aftasiden al-Muzaffar und al-Mutawakkil kam es zu einem Aufschwung der Kultur; Badajoz wurde zur «Heimstatt der Literatur, der Poesie, der Grammatik und der Wissenschaft». Hier wirkte der Dicher Ibn ʿAbdûn, der in der ganzen arabischen Welt durch die ʿabdûniyya, sein großangelegtes Gedicht über die Vergänglichkeit der Macht, bis heute berühmt ist; mit diesem Werk hat er seinen aftasidischen Herren und ihrem Untergang ein unvergängliches Denkmal gesetzt. Auch dieses Reich geriet in den Strudel der Wirren am Ende der Taifa-Herrschaft. Al-Mutawakkil paktierte mit Alfons VI. von Kastilien gegen seine Nachbarn Sevilla und Toledo, dieser jedoch eroberte 1079 die strategisch wichtige Grenzstadt Coria; daraufhin suchte al-Mutawakkil Zuflucht bei den Almoraviden. Als ihm klar wurde, daß die Almoraviden auf die Zerstörung der Taifa-Königreiche abzielten, wandte er sich erneut Alfons VI. als Retter zu. Doch alles Paktieren, alle Steuern und Abgaben, die er in reichem Maße zahlte, halfen am Ende nichts. Die almoravidische Streitmacht eroberte Badajoz im Jahre 1094; al-Mutawakkil und seine gesamte Familie wurden ermordet.

In Toledo herrschte die Berber-Dynastie der Dhû l-Nûn. Wie komplex die Verflechtungen zwischen Christen und Muslimen damals waren, läßt sich am Schicksal des letzten ihrer Könige verdeutlichen. Yahyâ ibn Ismâ'îl ibn Dhî l-Nûn, genannt al-Qâdir, regierte Toledo von 1075 bis 1085. Er ermordete einen beim Volk beliebten Wesir, was einen Aufstand provozierte und ihn zwang, nach Cuenca zu fliehen. Das Volk rief al-Mutawakkil aus Badajoz zu Hilfe; dieser bemächtigte sich der schon lange begehrten Stadt. Al-Qâdir seinerseits paktierte mit Alfons VI. von Kastilien, der ihn 1081 wieder auf den Thron von Toledo hob – allerdings nur für kurze Zeit, denn 1085 zog er selbst als Triumphator in die Stadt ein, dieses Mal endgültig. Al-Qâdir wurde für den Verlust von Toledo von Alfons VI. ganz offiziell mit der Stadt Valencia entschädigt. Dieses Beispiel zeigt, wie eng die christlichen und die muslimischen Interessen miteinander verwoben waren. Angehörige beider Religionsgemeinschaften kämpften bald gegeneinander, bald miteinander. Über alle Grenzen hinweg hatte sich so etwas wie ein Wir-Gefühl gebildet, eine eigenständige Identität von al-Andalus, die gerade im Augenblick der tödlichen Bedrohung durch die Almoraviden erstarkte. Angesichts der aus Afrika heranrückenden Kriegerscharen rückten Christen und Muslime enger zusammen als jemals zuvor oder danach in der Geschichte – was sie allerdings nicht davon abhielt, auch weiterhin bei sich bietender Gelegenheit gegeneinander zu kämpfen.

Granada war das Reich der Ziriden. Der mächtige Amiride al-Mansûr hatte vor der Jahrtausendwende Söldnertruppen aus dem Berber-Stamm der Sinhâdja aus Tunesien ins Land geholt; sie standen unter dem Kommando von Zâwî ibn Zîrî. Dieser herrschte über Granada und schlug einen Versuch der umayyadischen Restauration erfolgreich nieder. Er kehrte in seine alte Heimat Kairouan zurück, aber sein Neffe Habbûs übernahm die Macht in Andalusien. Unter dessen Sohn Badîs erlangte das ziridische Königreich seine größte Ausdehnung und seinen größten Glanz. Habbûs und nach ihm Badîs förderten den jüdischen Magnaten Samuel ibn Nagrella, genannt ha-Nagid, «der Führer». In der jüdischen Geschichte Spaniens ist dieser Samuel ha-Nagid eine einzigartige Erscheinung. Er war einer der bedeutendsten Dichter der hebräischen Literatur; darüber hinaus bekleidete er höchste Staatsämter und hatte dank seines Geschicks und seiner Verbindungen direkten Einfluß auf die Politik des Königreiches. Sein König erhob ihn sogar in den Generalsrang, und so nahm er an zahlreichen militärischen Kampagnen als Befehlshaber teil, eine in der nachbiblischen Geschichte des Judentums einmalige Stellung. Über diese Kampagnen hat Samuel ha-Nagid eine Art poetisches Tagebuch geführt, ein einzigartiges Zeugnis vom Leben und Empfinden der Menschen in jener Zeit. Seinem Sohn Yehosef ibn Nagrella stieg die Macht zu Kopf; er stellte seinen Reichtum zur Schau und griff wohl auch selbst zur Macht, mit dem Fernziel der Errichtung einer jüdischen Taifa. Das aufgebrachte Volk stürmte seine Paläste, es kam zu einem regelrechten Pogrom, dem 1066 außer der Familie Ibn Nagrella 1500 Juden zum Opfer fielen. Trotz allem blieb Granada noch lange ein Zentrum des jüdischen intellektuellen Lebens, mehr als jede andere Stadt von al-Andalus. Dort traf sich im Hause von Moshe ibn ʿEzra die dichtende Jugend, darunter der große Genius der hebräischen Literatur, Yehuda ha-Lewi. Auch die arabische Dichtung stand in hoher Blüte. Politisch jedoch war das Reich dem Untergang geweiht. Der permanente Druck von seiten des christlichen Kastilien und des mächtigen muslimischen Nachbarn Sevilla führte dazu, daß der ziridische König die Almoraviden um Hilfe bat – mit dem Ergebnis, daß sein Reich beseitigt und dem almoravidischen Imperium einverleibt wurde. Der letzte König aus diesem berberischen Geschlecht,

Buluqqîn, hat eine Autobiographie hinterlassen, die faszinierende Einblicke in die Mentalität jener Zeit bietet.

Die direkten Nachkommen der Amiriden setzten sich im Osten der Halbinsel fest; sie gründeten zunächst eine Taifa in der Küstenstadt Denia, die sich unter der Herrschaft von ʿAlî Iqbâl al-Dawla (1044–1076) friedlich entwickeln konnte und zu hoher wirtschaftlicher Blüte kam. Dies erregte den Neid der mächtigen Hudiden in Zaragoza; sie eroberten Denia im Jahre 1076. Daraufhin machte sich der Gouverneur der Balearen, Aghlab al-Murtadâ, der zuvor dem König von Denia unterstanden hatte, selbständig. Dieses kleine Reich bestand bis 1116; nachdem eine christliche Flotte die Hauptstadt Palma geplündert und gebrandschatzt hatte, rief der König die Almoraviden zu Hilfe. Wie üblich, übernahmen diese sogleich die Macht; Mallorca war somit das letzte der Taifa-Reiche, das im almoravidischen Imperium unterging.

Die Zeit der Taifa-Könige bietet ein verworrenes und komplexes Bild; unaufhörlich wurden Allianzen geschmiedet und Pakte gebrochen, schwache Nachbarn erobert und starke als Herren anerkannt. Dies gilt für Hispanien insgesamt; im christlichen Norden ging es nicht anders zu als im muslimischen Süden und Osten. Politische Intrigenspiele und Feldzüge ignorierten weitgehend die religiösen Grenzen. Der allerchristlichste Recke Ruy Díaz, genannt El Cid, begab sich aus den Diensten seines undankbaren christlichen Königs von Kastilien geradewegs in die Arme der Hudiden von Zaragoza, denen er mehrere Jahre lang treu ergeben diente, um danach Valencia einzunehmen und gegen die anstürmenden Almoraviden zu verteidigen. Wie zu keiner anderen Zeit entwickelte sich hier in Umrissen das Lebensideal eines Zusammenlebens der Religionen; durch die nachfolgenden Ereignisse wurde dieses Ideal zerstört, ehe es sich voll hatte entfalten können.

Die Epoche der Taifa-Könige war aber auch ein Zeitalter einzigartiger kultureller Blüte. Der Verlust der staatlichen Zentralmacht führte zum Wetteifern der kleinen Fürstenhöfe. Sevilla, Badajoz, Toledo, Zaragoza, Valencia, Denia, Granada, Almería

– all diese Königreiche waren klein an militärischer Macht, aber groß als Förderer der Künste und der Wissenschaften. *Entre la plume et l'épée* «zwischen Feder und Schwert» (so der französische Historiker Pierre Guichard), zwischen diesen beiden Polen bewegte sich das Leben im Jahrhundert der Taifas. Hudhayl ibn Razîn, König von Albarracín, einer kleinen aber unabhängigen Enklave im Bergland von Cuenca, gab ein Vermögen für Musikinstrumente aus und erwarb für die exorbitante Summe von 3000 Gold-Dinaren eine Sängerin, die nicht nur betörend singen und dichten konnte, sondern auch in der Kalligraphie, im Kampfsport und sogar in der Medizin wohlbewandert war und in ganz al-Andalus zur Berühmtheit wurde. Solche Beispiele könnte man beliebig vermehren. Die politische Autonomie der größeren und kleineren Königreiche setzte ungeahnte Kräfte frei; bis dahin unbedeutende Provinzstädte wurden zu Hauptstädten, in denen neu entstandene Dynastien ihre Machtansprüche durch ein Mäzenatentum bekräftigten, das ihre Kräfte auf Dauer oft überstieg. Im Ehrenkodex der arabischen Welt gibt es nichts Edleres als Freigebigkeit; ein Fürst, der seine Wohltaten generös ausstreut, wird mit dem lebenspendenden Regen verglichen. Je brillanter die Hofdichter, die man sich leisten konnte, desto höher war der Ruhm.

Die Kehrseite dieses Wettstreits war die politisch-militärische Uneinigkeit. Die meisten der Taifa-Könige suchten ständig ihre Territorien zu erweitern und führten endlose Kriege. Daß sie sich dabei oft der Hilfe ihrer christlichen Nachbarn bedienten, war nach den Gepflogenheiten der Zeit eine Selbstverständlichkeit. Daß sie sich solche Hilfe mit hohen Tributzahlungen erkauften, war es vielleicht weniger, aber auch das gehörte zum politischen Spiel. Diese Zahlungen an die Könige von Kastilien und Navarra sowie die Grafen von Barcelona waren von größter Bedeutung; in der spanischen Geschichtsschreibung werden sie *parias* genannt (vom lateinischen *paria*, von *par*, «gleich», in Wendungen wie *paria facere*, «eine Rechnung be-gleichen»). Lange Zeit konnten sich die reichen Königreiche von al-Andalus die Zahlung solcher Schutzgelder leisten, ohne in den Ruin getrieben zu werden. So sicherten sie sich nicht nur militärischen

Beistand gegen konkurrierende Nachbarreiche, sondern vor allem auch den Frieden: Solange sie zahlten, ließen die christlichen Nachbarn sie in Ruhe. Daß mit diesen Schutzzahlungen das Machtgleichgewicht zugunsten der Christen verschoben wurde, erkannten die Taifa-Fürsten zu spät. Die christlichen Reiche begannen im Gold zu schwimmen. Die kostbaren Objekte aus al-Andalus, die man damit erwerben konnte, Kunsthandwerk aus Edelmetallen, edlen Steinen und Elfenbein, füllten die Kirchen. Und all das machte natürlich Lust auf mehr. Die blühenden Taifa-Reiche hatten nicht genügend militärische Macht, um sich dem Druck aus dem Norden auf Dauer zu widersetzen. Ab 1064, der schicksalhaften Einnahme von Barbastro im Pyrenäenvorland, sollten sie nicht mehr zur Ruhe kommen, bis zu ihrer Vernichtung zwischen 1090 und 1094 – nicht durch die Christen, sondern durch die muslimischen Almoraviden.

Mit den letzten Taifa-Königen ging eine Epoche des Zusammenlebens zu Ende. Das Paktieren über die religiösen Schranken hinweg, die oft fast kollegiale Verbundenheit der Fürsten im grenzüberschreitenden Intrigenspiel wurde durch die Almoraviden hinweggefegt. Von nun an hieß die Devise: Hier sind wir, dort ist der Feind – die Reihen fest geschlossen! Aus einem – relativen – Miteinander wurde schneidendes Gegeneinander, unversöhnliche Gegnerschaft auf Leben und Tod. Dies hatte neben politischen und militärischen natürlich vor allem religiöse Gründe, wie wir im folgenden Kapitel noch genauer sehen werden. Al-Mu'tamid ibn 'Abbâd von Sevilla und 'Abdallâh Buluqqîn ibn Zîrî von Granada endeten im Exil im marokkanischen Aghmât; al-Mutawakkil ibn al-Aftas von Badajoz wurde zusammen mit seinen beiden Söhnen ermordet. Alle wurden vom almoravidischen Kalifen dafür bestraft, daß sie am Ende lieber mit ihren hispanischen Glaubensgegnern zusammenarbeiten wollten, als sich der Herrschaft ihrer afrikanischen Glaubensbrüder zu unterwerfen. Alle sind mit ihrem Versuch einer Rettung von al-Andalus aus eigener Kraft gescheitert. Mit ihrer Generation war die Periode des Zusammenlebens vorüber; Unterstützung von ihrem Volk hatten sie am Ende nicht mehr, denn angefeuert von den Religionsgelehrten strebten die Massen nur noch nach Bewahrung des Islam und Schutz vor der als übermächtig empfundenen christlichen Bedrohung.

Die Berber-Dynastien:
Almoraviden und Almohaden (1090–1248)

Die almoravidische Eroberung von al-Andalus fällt zeitlich zusammen mit dem ersten Kreuzzug: 1085 fällt Toledo an die Christen, 1086 fügen die Almoraviden den Christen in Sagrajas bei Badajoz eine schwere Niederlage zu; 1088 besteigt Urban II. den Papstthron, 1095 ruft er in Clermont zur Eroberung von Jerusalem auf; von 1090 (Granada) und 1091 (Sevilla) über 1102 (Valencia) bis 1116 (Mallorca) fallen nach und nach alle Taifa-Königreiche in die Hand der Almoraviden; 1096 plündern die Kreuzfahrer Konstantinopel, 1099 erobern sie Jerusalem und ertränken es in Blut; 1113 wird der Templerorden, 1115 der Johanniterorden gegründet; 1118 erobert der König von Aragón Zaragoza; 1119 verteidigen die Kreuzfahrer ihr Reich in Antiochia. So könnte man mit der Aufzählung von Gleichzeitigkeiten fortfahren. Das letzte Jahrzehnt des 11. und die ersten des 12. Jahrhunderts stehen im Zeichen einer radikalen Konfrontation zwischen Orient und Okzident. In dieser Auseinandersetzung werden die Taifa-Königreiche im Westen zerrieben und das byzantinische Konstantinopel im Osten entscheidend geschwächt. Hispanien geriet in dieser Zeit in den Sog zweier antagonistischer Strömungen: der Afrikanisierung des Islam und der Europäisierung des Christentums. Für einen spanischen Sonderweg, für die Überwindung der Blöcke durch Paktieren über die Grenzen hinweg war in dieser Welt kein Platz mehr.

Auf der europäischen Seite ist dies eine Zeit großer Umbrüche: 1054 spaltete sich die Christenheit in Ost- und Westkirche; 1059 wurden von der Lateran-Synode die Papstwahl geregelt, die Keuschheit der Priester zur zwingenden Vorschrift gemacht, der Zugang von Laien zur kirchlichen Hierarchie strikt reglementiert und andere weitreichende Reformen in Gang gebracht. Die 910 gegründete Reformbewegung von Cluny gewann immer mehr Einfluß, sie faßte 1071 in Spanien Fuß und besetzte binnen kurzer Zeit alle wichtigen Klöster und Bischofsstühle des Landes. Damit geriet die spanische Kirche unter die unmittelbare Herrschaft Roms; seit 1075 wurde nach und nach der westgotische Meß-Ritus (den man heute noch zu besonderen Anlässen in den Kathedralen von Toledo und Salamanca erleben kann) durch die allgemein verbindliche römische Meß-Liturgie ersetzt. Die gotische Schrift mußte der karolingischen Minuskel weichen. Die paneuropäische Pilgerreise nach Santiago de Compostela, deren Wege durch die Kernregionen des christlichen Nordens führen, öffnete das bis dahin randständige Spanien weit für die Einflüsse aus Europa. Wichtigster historischer Faktor der Europäisierung Spaniens war das Eindringen des Kreuzzugsdenkens; aus den ewigen Scharmützeln an der Grenze beider Kulturbereiche, die letztlich das Zusammenleben nicht wesentlich störten, wurde nun eine religiös motivierte Konfrontation; aus Nachbarn, Verbündeten, vielleicht auch bewunderten Vorbildern wurden Feinde, die es zu vernichten galt. Die paneuropäische Kreuzzugsidee nahm in Spanien die spezifische Form der «Reconquista» an; die Wiederherstellung einer in ferner Vergangenheit wurzelnden westgotischen Legitimität wurde zum Ziel im Kampf gegen die Sarazenen.

Auf der anderen Seite steht die Afrikanisierung des Islam in al-Andalus. Betrachten wir kurz die Geschichte der Almoraviden. Historischer Kern ist die Heimat eines Unterstammes der Sinhâdja-Berber zwischen dem Senegal und Adrâr im heutigen Mauretanien. Es waren Vorfahren der heutigen Sahrawîs und Tuareg. Angehörige dieses Stammes gelangten 1035 auf der Rückkehr von der Pilgerfahrt nach Mekka nach Kairouan in Tunesien, seit jeher ein Ort islamischer Gelehrsamkeit. Ihr Anführer Yahyâ ibn Ibrâhîm besuchte Vorlesungen bei dem Rechtsgelehrten Abû 'Umrân und erkannte, daß seine Stammesgenossen in roher Ungebildetheit lebten. Abû 'Umrân gab ihm seinen besten Schüler mit auf die Reise, 'Abdallâh ibn Yâsîn; dieser wurde nicht nur zum Lehrer der Berber, sondern auch zum Schöpfer eines Ordens von Kriegermönchen. Diese zogen sich in wehrhafte Klöster zur Meditation zurück und wurden deshalb *al-murâbitûn* genannt, also Männer, die in einem «Wehrkloster» *(ribât)* leben; daher kommt der Name «Almoraviden». Ein anderer Name ist *al-mulaththamûn*, «die mit Gesichtstuch Verhüllten», Berber, die sich mit einem schwarzen Mundtuch *(lathm)* gegen den alles durchdringenden Wüstensand schützen, so wie heute noch die Tuareg.

Die *murâbitûn*, streng asketische Soldaten Gottes, propagierten und praktizierten den Krieg, der laut koranischer Botschaft zur Verteidigung und Ausbreitung des einzig wahren Glaubens zwingend vorgeschrieben ist und der auf arabisch *djihâd* heißt – kann man dies als «heiliger Krieg» übersetzen? Vielleicht nicht, wenn man philologisch getreu ist, aber darauf kommt es im welthistorischen Ringen nicht an, denn Kriege im Namen und Auftrag Gottes waren es allemal, so wie die Kreuzzüge der Gegenseite. Kreuzzug gegen Djihâd, dies ist in der Tat die kurze Formel, auf die sich die Europäisierung des Christentums und die Afrikanisierung des Islam bringen läßt. Von gegenseitiger Duldung ist nun nicht mehr die Rede; die Religionen stehen sich in einem Kampf auf Leben und Tod gegenüber.

Der Anführer der Almoraviden, Yûsuf ibn Tâshufîn, stand ganz im Banne der geistlich-politischen Führerschaft seines Mentors ʿAbdallâh ibn Yâsîn. Innerhalb weniger Jahre eroberten die Almoraviden die gesamte westliche Sahara und das heutige Marokko, das unter ihrer Herrschaft erstmals geeint wurde. Ihre militärische Stärke, gepaart mit unerschütterlichem Glaubenseifer, machte ihren Vormarsch unaufhaltsam. Ihr Glaube war ein radikaler Ur-Islam, den sie in alter Reinheit wieder herzustellen suchten. Mit diesen Anschauungen gerieten sie zwangsläufig in Konflikt mit den liberalen Auffassungen des Islam, die in al-Andalus vorherrschten. Sie tranken keinen Wein und lehnten den Umgang mit schönen Sängerinnen ab. Angewidert und zugleich angezogen vom luxuriösen und raffinierten Lebensstil des muslimischen Spanien suchten sie nach jeder Gelegenheit, die halb schon verlorenen Glaubensbrüder auf den Pfad der islamischen Tugend zurückzuführen – zumindest, solange sie dem Zauber von al-Andalus noch nicht selbst erlegen waren!

Almoraviden und Almohaden (1090–1248)

Die Almoraviden wurden von den Taifa-Fürsten selbst ins Land geholt. Angesichts der christlichen Bedrohung wußten diese sich keinen anderen Rat, als die kraftvollen, scheinbar unbesiegbaren Krieger aus der Sahara ins Land zu rufen. Al-Mu'tamid selbst war der Wortführer der Könige, die meinten, mit Hilfe der fremden Krieger ihre Reiche retten zu können. Aber sehr bald faßte Yûsuf ibn Tâshufîn, empört über die Uneinigkeit der Taifa-Könige und ihren Lebensstil, seinen eigenen Plan: die Unterwerfung und Wiedervereinigung von al-Andalus. Insgesamt viermal überquerte er die Meerenge von Gibraltar; seine eigenen Eroberungsabsichten wurden immer klarer. Er führte seinen eigenen Feldzug in Spanien, als Speerspitze der islamischen Rechtgläubigkeit gegenüber der europäisch-christlichen Expansion aus dem Norden und gegenüber der in seiner Sicht aufgeweichten Religion von al-Andalus, wo Muslime mit Christen gegen andere Muslime paktierten.

Die Niederwerfung der Taifa-Fürsten beendete ein für allemal den spanischen Sonderweg; al-Andalus war zu einer Provinz eines Berber-Imperiums geworden, das sich von Zentralafrika bis an die Grenze von Libyen erstreckte; Hauptstadt war das 1062 von Yûsuf ibn Tâshufîn neu gegründete Marrakesch. Nach der siegreichen Schlacht von Sagrajas (1086) ließ Yûsuf ibn Tâshufîn eine Fatwa erstellen, die ihm das Tragen des Titels *amîr al-muslimîn* erlaubte, «Beherrscher der Muslime»; das ist die Titulatur direkt unterhalb derjenigen des Kalifen.

Dem unaufhaltsamen Vordringen von Yûsuf ibn Tâshufîn nach Norden setzte ein spanischer Ritter und Kriegsherr Widerstand entgegen, Ruy Díaz de Bívar, genannt El Cid. Er hatte Valencia, die Stadt mit der strategisch zentralen Rolle an der Mittelmeerküste, 1094 erobert. Schon sehr bald verwandelte sich der streitbare Cid in einen spanischen Nationalhelden, dessen epische Taten für die christlichen Wiedereroberer ein beflügelndes Vorbild wurden. Die Herrschaft des Cid dauerte – zuletzt unter seiner Gattin Doña Jimena – bis 1102; nach der Eroberung von Valencia stand dem almoravidischen Vormarsch nach Norden nichts mehr im Wege. Aber die christlichen Reiche waren stark und entschlossen. Die Eroberung der profund islamisierten Stadt Zaragoza durch König Alfonso el Batallador («der Schlachtenlenker») von Aragón im Jahre 1118 war ein wichtiger Meilenstein. 1126 unternahm ebendieser Alfonso einen Kriegszug nach Süden; quer durch die Gebiete von Valencia, Murcia und Granada gelangte er unbehelligt bis an die Mittelmeerküste bei Vélez Málaga. Der almoravidische Kalif schien nicht in der Lage, ihm ernsthaft Widerstand zu leisten; allerdings reichten die Kräfte der Christen auch noch nicht aus für eine dauerhafte Eroberung. Im Westen drang Portugal vor, im Zentrum Kastilien und im Osten das Königreich Aragón und die Grafschaft Katalonien. Andererseits gelang es den Almoraviden auch mehrmals, den Christen bereits verlorene Festungen wieder zu entreißen.

Die Fronten verhärteten sich. 1128 wurde eine Fatwa zur Ausweisung der christlichen Mozaraber erlassen, bald folgten Dekrete zur Ausweisung der Juden. Die von den Almoraviden offiziell geförderten malikitischen Religionsgelehrten suchten jede Diskussion, jede geistliche Erneuerung im Keim zu ersticken. 1109 ließ der Kalif das Hauptwerk des großen iranischen Philosophen und Theologen al-Ghazâlî (1058–1111), *Ihyâ 'ulûm al-dîn*, «die Wiederbelebung der Religionswissenschaften», öffentlich verbrennen, auf dem Besitz des Buches stand die Todesstrafe. Al-Ghazâlîs Versuch einer Synthese zwischen Glauben und Vernunft mußte den Konservativen ebenso suspekt sein wie sein Beharren auf der persönlichen Erfahrung einer Religion, die sich nicht in mechanischer Gesetzestreue erschöpfte. In den darauffolgenden Jahrzehnten wurden die Sufis verfolgt, die damals in Spanien, wie überall sonst in der islamischen Welt, ein Leben mystisch erfüllter Gotteserfahrung nicht nur predigten, sondern auch vorlebten. Der Sufismus war in Spanien äußerst populär, und so kam es zu Aufständen gegen die erdrückende Gesetzesstarre der malikitischen Rechtsgelehrten, die der almoravidischen Herrschaft zugrunde lag.

Gleichzeitig mit der größten Machtentfaltung des Almoravidenreiches entstand in Nordafrika eine neue Bewegung, die innerhalb weniger Jahrzehnte das Staatsgebilde der Almoraviden zerstörte und an dessen Stelle trat: die militärisch-religiöse Bruderschaft der Almohaden. Der Name ist Programm: *al-muwahhidûn*, das sind diejenigen, die das Bekenntnis der Einheit Gottes aussprechen und verteidigen, gegen jede Art von Polytheismus. Die Wurzel *whd* bedeutet «eins»; das Bekenntnis der Einheit («Es gibt keine Gottheit außer Gott [Allâh]») heißt auf arabisch *tawhîd*. Ziel der Almohaden war es, den Islam in seiner ursprünglichen Reinheit wiederherzustellen und die Beachtung seiner Gebote und Verbote rigoros durchzusetzen. Es war eine Bewegung einerseits gegen die um sich greifende moralische Laxheit der Almoraviden, die den Verführungen des guten Lebens in al-Andalus erlegen waren, und andererseits gegen eine rein mechanisch-äußerliche Form der Religionsausübung. In diesem Punkt stimmte der Gründer Ibn Tûmart mit Lehren des al-Ghazâlî überein. Die «Erneuerung der Religion» war den Almohaden ein zentrales Anliegen. Ihr Hauptgegner war dabei die Kaste der orthodoxen Rechtsgelehrten und Richter, die sich zur Kasuistik der malikitischen Rechtsschule bekannten. Leben und Wirken des Gründers der almohadischen Bewegung verdienen eine genauere Darstellung.

Wie die Almoraviden gingen auch die Almohaden aus dem Berbertum hervor. Der Gründer der Bewegung, Ibn Tûmart (ca. 1080–1130), entstammte dem im südmarokkanischen Sûs beheimateten Berber-Stamm der Masmûda. Auf der Suche nach Bildung reiste er zunächst nach Córdoba, dann nach Ägypten, Mekka, Bagdad und Damaskus. Es wird berichtet, daß er persönlich mit al-Ghazâlî zusammengetroffen sei und daß dieser ihn aufgefordert habe, seine Lehren im fernen Westen gegen die almoravidische Verfolgung zu verteidigen; dies gehört vielleicht in den Bereich der Legende, aber Legenden sind ja meist Träger einer wahren Botschaft. Auf seiner langen Rückreise nach Westen wurde Ibn Tûmart zum Buß- und Erweckungsprediger; gleich auf dem Schiff fing er an, seinen Mitreisenden seine Version des Islam zu verkünden. In den großen Städten erregte er Aufsehen und Anstoß; mehrfach geriet er in Lebensgefahr. Bei Bougie traf er auf den jungen, aus einfachen Verhältnissen stammenden 'Abd al-Mu'min, der zum Gefährten, Mitbegründer der

Bewegung und schließlich Nachfolger werden sollte. Gemeinsam reisten sie nach Marrakesch und provozierten mit ihren aufsässigen Predigten den almoravidischen Kalifen. 1120 kam es zur offenen Rebellion. Seine Stammesgenossen unterstützten ihn. Er zog sich zu Meditation und Askese für eine Weile in eine Höhle zurück; als er zurückkehrte, proklamierten ihn seine zehn getreuesten Gefolgsleute zum «Mahdi», also zum auserwählten Führer der Gläubigen. 1123 «floh» er (nach dem Vorbild der *hidjra* des Propheten von Mekka nach Medina) aus seiner Heimat nach Tînmallal, wo er begann, eine Machtbasis gegen die Almoraviden aufzubauen. Gegner wurden rücksichtslos eliminiert, auch unter den eigenen Gefolgsleuten. Die «Zehn» bildeten den innersten Zirkel der Machthierarchie, die straff organisiert war. Ein erster Angriff gegen die Almoraviden in Marrakesch endete 1030 mit einer herben Niederlage. Ibn Tûmart starb bald darauf, doch übernahm 'Abd al-Mu'min das Zepter; dank seines militärischen und politischen Geschicks gelang es ihm, nach und nach die Almoraviden niederzuringen. Nach dem Tod ihres letzten Kalifen (1147) übernahmen die Almohaden in Marrakesch endgültig die Macht.

Sie waren zunächst an den spanischen Angelegenheiten weniger interessiert als an der Festigung und Ausweitung ihrer Macht in Nordafrika. Die Christen nutzten die Gunst der Stunde; 1147 eroberte eine Alllianz von Genuesen, Pisanern und anderen Europäern unter kastilischer Führung die Stadt Almería, um so einen Keil zwischen die östlichen und südlichen Gebiete von al-Andalus zu treiben; erst nach zehn Jahren konnten die Almohaden die Stadt zurückerobern. Doch drohten auch interne Zwistigkeiten. In al-Andalus hatten sich erneut regionale Kriegsherren selbständig gemacht; man spricht daher auch von der Epoche der «zweiten Taifas». Der wichtigste dieser Fürsten war Ibn Mardanîsh, der mit den christlichen Königen des Nordens und mit den italienischen Seerepubliken paktierte, unterstützt von seinem jüdischen Schwiegervater Ibrâhîm ibn Hamushk. Ibn Mardanîsh stammte von islamisierten Hispano-Romanen *(muladíes)* ab; seinen Namen kann man als Arabisierung des spanischen *Martínez* deuten. Von seiner Machtbasis in Murcia aus beherrschte er das zentrale al-Andalus von Valencia bis Sevilla. Er versuchte noch einmal, das alte al-Andalus mit seinen religionsübergreifenden Allianzen auferstehen zu lassen und sich so dem Vordringen des afrikanisierten Islam der Almohaden entgegenzustemmen. Erst als Ibn Hamushk zu den Almohaden überlief und ihnen die Tore Granadas öffnete (1069), kam er zu Fall.

Den Almohaden fiel die «Befriedung» von al-Andalus schwer. 'Abd al-Mu'min landete 1161 in Gibraltar und wurde von einer großen Volksmenge als Retter des Islam enthusiastisch gefeiert; berühmte Dichter schrieben feierliche Oden zu seinem Empfang. Doch starb der Kalif, ehe er seine ehrgeizigen Pläne zur Einigung des islamischen Spanien durchführen konnte. Sein Nachfolger Yûsuf I. bezwang die Aufstände von Ibn Mardanîsh und anderen, etwa den von Geraldo sem Pavor, «Gerhard ohne Furcht», der im südlichen Portugal eine ähnliche Rolle spielte wie zuvor der kastilische Held El Cid in der Levante. Yûsuf I. wirkte aber auch als Friedensfürst. So legte er den Grundstein für die große Moschee in Sevilla; seine Bibliothek konnte sich mit der von al-Hakam II. messen. Er war hochgebildet und umgab sich mit Dichtern und Intellektuellen; die beiden größten Philosophen jener Zeit – die zu den bedeutendsten des Islam überhaupt gehören – hat er persönlich gefördert: Ibn Tufayl und Ibn Rushd (s. u. S. 93 und S. 95).

Unterdessen ging das Ringen zwischen Christen und Muslimen weiter. 1189 eroberten die Portugiesen Silves in der Algarve; Ya'qûb al-Mansûr, der Nachfolger Yûsufs I., eroberte nicht nur diese Stadt zurück, sondern erzwang auch 1195 die offene Feldschlacht bei Alarcos (nördlich von Córdoba), die für die Kastilier zur vernichtenden Niederlage wurde – die letzte, die sie gegen die Muslime zu erleiden hatten. Ya'qûb al-Mansûr gewann zahlreiche Städte in Andalusien, konnte jedoch Toledo nicht zurückerobern. Ehe er die Früchte des Sieges von Alarcos einfahren konnte, starb er im Jahre 1199 – der letzte große Staatsmann von al-Andalus, auf dem die Hoffnungen der Zeitgenossen auf Restauration des spanischen Islam geruht hatten.

Unter seinem Sohn Muhammad al-Nâsir folgte die christliche Revanche für Alarcos, die Schlacht von Las Navas de Tolosa, die das Schicksal des Islam auf der Iberischen Halbinsel besiegelte. Diese Schlacht wird in der arabischen Geschichtsschreibung als *al-'iqâb* bezeichnet, ein Wort, das sowohl «steile Paßwege», eine akkurate Beschreibung des Szenarios dieser Schlacht, als auch «Strafe» bedeutet, denn als Strafe Gottes wurde sie von den Zeitgenossen erlebt. 1212 kam es zur endgültigen Auseinandersetzung. Hier standen sich Christentum und Islam auf Leben und Tod gegenüber wie nie zuvor oder danach in der Geschichte. Auf Ersuchen des kastilischen Königs hatte Papst Innozenz III. zum Kreuzzug in Hispanien aufgerufen. Zehntausende Krieger aus ganz Europa folgten dem Appell. Auf der Gegenseite sammelte der almohadische Kalif eine panmuslimische Streitmacht von gewaltigen Dimensionen; die Krieger kamen aus Nordafrika, Ägypten, Arabien, Kurdistan, der Türkei, sogar aus Zentralasien. Auf jeder Seite waren etwa 200 000 Mann aufgestellt. Die christliche Oberhoheit hatten die Könige von Kastilien, Navarra und Aragón; die Königreiche León und Portugal standen abseits, sie waren mit muslimischen Fürsten im Bunde. Auf islamischer Seite revoltierten die andalusischen Truppen, weil der Kalif einen ihrer fähigsten Generäle willkürlich hingerichtet hatte. Selbst vor dieser alles entscheidenden Schlacht gab es internen Zwist und religionsübergreifende Allianzen! Dies änderte indessen nichts am Aufeinanderprallen der geballten europäischen und afrikanisch-asiatischen Heere, an der unversöhnlichen Konfrontation von Kreuzzug und Djihâd.

Die Heere trafen am 16. Juli 1212 aufeinander, an der Schlucht durch die Sierra Morena, durch die man auch heute noch hindurch muß, wenn man von der kastilischen Meseta nach Andalusien reist, und die heute Desfiladero de Despeñaperros heißt. In der bergumstandenen Ebene südlich dieses Passes, in der Nähe des heutigen Städtchens Santa Elena, wurde der Kampf ausgefochten. Die schwere Kavallerie der christlichen Ritter spielte eine wichtige Rolle, vor allem aber auch die Tatsache, daß die andalusischen Flügelheere früh desertierten und so das Zentrum der almohadischen Streitmacht ohne Deckung ließen.

Das Debakel war total. Die islamischen Heere wurden völlig aufgerieben, auf dem Schlachtfeld lagen 150 000 Gefallene. Der almohadische Kalif rettete sich nach Baeza und floh nach Marrakesch, wo er ein Jahr danach aus Gram über die Niederlage starb. Die Christen setzten nach und nahmen Baeza und Úbeda ein, wo sie kaltblütig mehrere zehntausend Einwohner ermordeten.

Nach dieser Niederlage zerbrach das Imperium der Almohaden. Al-Andalus zerfiel ein weiteres Mal in die Herrschaftsbereiche lokaler Kriegsherren; man hat es die «dritten Taifas» genannt. Die christliche Seite hingegen erstarkte durch die definitive Einigung von León und Kastilien im Jahre 1230. Bildung und Kultur wurden gefördert: 1215 erfolgte die Gründung der Universität von Salamanca, 1221 begann der Bau der Kathedrale von Burgos. An allen Fronten rückte die Eroberung voran; es ist die Periode, die man in der spanischen Geschichtsschreibung als «Gran Reconquista» bezeichnet. Am Silvesterabend des Jahres 1229 zog Jaume I. von Aragón siegreich in die Festung von Mallorca ein, 1235 folgte Ibiza (Menorca hingegen blieb noch bis 1287 unabhängig); 1238 gewann er Valencia definitiv für das Christentum, die Städte des Umlands fielen zehn Jahre danach. Der später heilig gesprochene König Ferdinand III. von Kastilien und León besetzte Córdoba, die alte Hauptstadt des Kalifats, im Juni 1236; Jaén fiel 1245, und zuletzt Sevilla (einschließlich Südandalusien bis Cádiz) im November 1248. Das zwischen Kastilien und Aragón umstrittene Murcia wurde erst 1261 endgültig christlich, und zwar unter kastilischer Herrschaft. Kastilien hatte es von da an nur noch mit dem kleinen Königreich von Granada zu tun. Portugal rückte von dem 1147 gewonnenen Lissabon aus unaufhaltsam nach Süden vor; mit der endgültigen Einnahme von Silves in der Algarve im Jahre 1249 war die Reconquista im Westen der Halbinsel abgeschlossen. Während derselben Zeit zerfiel das Imperium der Almohaden in Nordafrika in langer Agonie. Der letzte Kalif starb 1269, die Macht in Marokko ging für vier Jahrhunderte an die Dynastie der Meriniden über.

Der Versuch einer Bilanz der beiden Berber-Dynastien ergibt ein zwiespältiges Bild. In der Geschichtsschreibung haben Almoraviden und Almohaden traditionell einen schlechten Ruf. Dies ist gewiß zum Teil gerechtfertigt. Als Nachfahren von Wüstennomaden waren diese beiden Berber-Clans tapfere, Entbehrungen gewohnte Krieger; es mangelte ihnen aber an höherer Kultur und Bildung. Ihre Kenntnisse des Arabischen waren anfangs mangelhaft, für die verfeinerte höfische Kultur und die Dichtkunst von al-Andalus hatten sie wenig Sinn. Auch verachteten sie zutiefst das spanische Lotterleben, die nächtlichen Gelage in blühenden Gärten am Flußufer mit schönen Weinschenken und Sängerinnen; mit dem moralischen Rigorismus eines streng islamischen Kriegerordens war all dies nicht vereinbar. Allerdings haben Glanz und Annehmlichkeiten von al-Andalus die Nachfahren der Sahara-Nomaden bald in ihren Bann gezogen. Almoravidische und, mehr noch, almohadische Herrscher wurden zu Mäzenen, die sich mit Dichtern umgaben und bedeutende Bauwerke errichten ließen. Auf diese Weise gelangte das Raffinement der andalusischen Künste nach Nordafrika, seien es Gedichtformen, Musikgattungen oder Architekturstile: Die bedeutendsten Moscheen von Marokko sind andalusisch geprägt; die in den Konservatorien von Tetuan und Rabat gepflegte Musikkultur ist andalusischen Ursprungs und heißt bis heute im Arabischen *mûsîqâ andalusiyya*.

In der Frage des islamischen Rigorismus muß man theologisch differenzieren, die Dinge sind komplexer, als es die gängigen Klischees vermuten lassen. Es ist sicher nicht falsch, die beiden Bewegungen als islamisch-fundamentalistisch zu charakterisieren, aber es gibt Unterschiede zwischen den Almoraviden und den Almohaden. Der Impetus der Almoraviden war auf moralische Erneuerung durch Rückbesinnung auf die Lehren der traditionellen Rechtsschulen (vor allem die besonders rigorose von Mâlik ibn Anas) und auf deren konsequente Anwendung ausgerichtet. Die Religion verkam auf diese Weise zu einem Prokrustesbett äußerlicher Vorschriften, in deren kasuistischem Räderwerk für gelebte Spiritualität kein Platz war. Der Kaste der malikitischen Rechtsgelehrten sicherte ein solches System jedoch Macht und Einfluß. So war es nur konsequent, daß im almoravidischen Spanien die mystischen Bruderschaften der Sufis verfolgt und die Bücher von al-Ghazâlî verbrannt wurden.

Die Bewegung der Almohaden hingegen war stärker auf theologische Erneuerung ausgerichtet. Statt aus den traditionellen Rechtsschulen suchte man die Regeln des menschlichen Lebens aus den fundamentalen Quellen abzuleiten, nämlich dem Koran und der Sunna, also den überlieferten Aussprüchen des Propheten. Diese Rückkehr zu den Quellen implizierte die kreative Anwendung der ursprünglichen Vorschriften auf gegenwärtige Probleme mit Hilfe des Analogieschlusses, was kritische Reflexion und eigenständigen Gebrauch der Vernunft voraussetzt. Dementsprechend fanden bei dem almohadischen Kalifen Yûsuf I. die großen Philosophen Ibn Tufayl und Ibn Rushd Aufmerksamkeit und Förderung. Es ist vielleicht übertrieben, die Zeit der Almohaden als islamische Aufklärung zu betrachten, dazu waren die reaktionären Kräfte zu stark; Ibn Rushd selbst war den Anfeindungen und Verfolgungen der Rechtsgelehrten ausgesetzt. Aber immerhin gab es unter ihrer Herrschaft ein bedeutendes Geistesleben; von ihrer Herkunft als ungebildete Wüstennomaden war in späterer Zeit nichts mehr zu spüren.

Der eigentliche Vorwurf, den man den berberischen Kalifen machen muß, betrifft ihre Staatskunst. Keiner von ihnen hat es vermocht, die innere Zerrissenheit der eroberten Länder dauerhaft zu überwinden und aus den in ewigen Stammesfehden rivalisierenden Berbern und Arabern ein geeintes Staatsvolk zu bilden. Der Tribalismus hielt sie ständig in Atem, sie verzettelten ihre Kräfte mit der Niederschlagung kleinerer und größerer Revolten, sei es in al-Andalus, sei es in Afrika. So konnten sie auf Dauer den Christen nicht die Stirn bieten. Vor allem versäumten sie, sich selbst in al-Andalus dauerhaft zu integrieren. Anders als die bei der Eroberung von Hispanien im 8. Jahrhundert beteiligten Berber-Stämme, die das Land kolonisiert hatten und zu bodenständigen hispanischen Muslimen geworden waren, blieben die Almoraviden und Almohaden Fremde. In Spanien tauchten sie nur zu militärischen Unternehmungen auf und regierten ansonsten aus dem fernen Marrakesch. Wenn es so etwas wie eine gemeinsame «Lebensbehausung» im mittelalterlichen Spanien gegeben hat, dann waren die berberischen Dynastien des 12. und 13. Jahrhunderts nicht darin heimisch.

Die Mehrzahl der spanischen Muslime hatte sich gut mit ihren christlichen Nachbarn arrangiert und hätte wohl mit ihnen zusammengelebt – mehr oder weniger friedlich, jedenfalls nicht weniger friedlich als mit ihren muslimischen Zeitgenossen. Aber der Druck der jungen, militärisch starken und expansiven Königreiche des Nordens, die unter den Einfluß europäischen Kreuzzugsdenkens geraten waren, ließ ihnen keine andere Wahl, als bei den Wüstenkriegern aus der fernen Sahara ihre Rettung zu suchen. Die Art von Hilfe, die sie dann bekommen haben, entsprach ganz sicher nicht ihren Erwartungen; sie ging mit Unterdrückung der andalusischen Eigenart einher, und sie war letztlich auch politisch und militärisch erfolglos. So ist das Projekt von al-Andalus, das Projekt eines kultivierten und domestizierten Islam, an den Realitäten der Zeit gescheitert. Die Berber-Dynastien tragen daran kaum weniger Schuld als die christlichen Königreiche.

Die Nasriden in Granada (1246–1492)

Nach dem Fall von Córdoba und Sevilla stand ganz Spanien unter christlicher Herrschaft – ganz Spanien? Nein, ein kleines Reich im Südosten der Halbinsel hatte sich gegen den Ansturm aus dem Norden behaupten können. So entstand für den andalusischen Islam ein Refugium, das noch zweieinhalb Jahrhunderte bestehen und dabei eine einzigartige Spätblüte maurischer Kultur entfalten sollte.

Gründer der Dynastie war Muhammad ibn Yûsuf ibn Nasr, genannt Ibn al-Ahmar, «der Sohn des Roten». Er entstammt einer alten arabischen Familie, sein ferner Vorfahr war Gefährte des Propheten. Er schuf sich 1231 eine Machtbasis in seiner Heimatstadt Arjona, von wo aus er seinen Herrschaftsbereich zunächst nach Jaén und Guádix ausdehnte. Seine Stärke lag nicht in militärischer Macht, sondern in politischem Geschick, nach dem Motto: islamische Glaubensfestigkeit nach innen, Flexibilität bis zur Selbstverleugnung nach außen. Er erkannte, daß es sinnlos geworden war, sich der unerbittlich vorrückenden christlichen Streitmacht zu widersetzen; statt gegen den kastilischen König Ferdinand III. zu kämpfen, suchte er dessen Schutz. Nur durch Unterwerfung war ein Überleben möglich, nur durch Anerkennung christlicher Oberhoheit konnte sein islamisches Reich bestehen. Ibn al-Ahmar unterstützte 1236 aktiv die Eroberung von Córdoba; dafür erlaubte ihm 1237 Ferdinand III. die Machtübernahme in Granada. Mit der Abgabe von Arjona und Jaén an die Christen mußte er sich abfinden; im Gegenzug erkannte der kastilische König 1246 im Vertrag von Jaén seine Herrschaft über das Königreich von Granada offiziell an. 1248 mußte Ibn al-Ahmar bei der Einnahme von Sevilla mitwirken, 1263 den Verlust der Grenzstädte am unteren Guadalquivir (Jerez, Nebrija, Medina Sidonia, Arcos) widerstandslos hinnehmen. Aber seine Herrschaft war gesichert, trotz aller Zugeständnisse. Sein Reich umfaßte neben der Hauptstadt Granada die ganze Zone von Gibraltar über Málaga bis Almería. Unter seinen Nachfolgern gingen die Städte Antequera und Archidona sowie die Zone um die Meerenge von Gibraltar verloren, davon abgesehen aber konnten die Nasriden ihr kleines Reich in stabilen Grenzen bis zum Eroberungsfeldzug der Katholischen Könige ganz am Ende des 15. Jahrhunderts behaupten – allerdings unter Anerkennung ihrer Vasallenschaft gegenüber der Krone von Kastilien und gegen Zahlung hoher Tribute.

Die lange Geschichte des nasridischen Reiches ist zu verworren, als daß man sie hier auch nur in Grundzügen darstellen könnte. Das kleine Königreich stand im Kräftefeld zwischen den christlichen Königen im Norden und den marokkanischen Meriniden im Süden. Wechselnde Allianzen, Ausnutzung interner Machtkämpfe bei den Christen wie den Muslimen, Grenzkriege mit wechselhaftem Erfolg, innere Zwistigkeiten – all dies bestimmte die politische Geschichte des nasridischen Granada; es war ein stets bedrohtes Leben, ein ständiges Lavieren zwischen mehreren Fronten, ein prekäres Überleben an der «Grenze» – auf spanisch *frontera*. Man denke an Ortsnamen wie Arcos de la Frontera und Jerez de la Frontera oder an die zahlreichen *romances fronterizos*, volkstümliche Balladen, die von den Heldentaten und verräterischen Intrigen auf beiden Seiten berichten. Immerhin gab es auch Perioden von Frieden und Stabilität; die längste Friedenszeit währte fast dreißig Jahre, unter der zweiten Herrschaft von Muhammad V. (1362–1391). Wegen einer Palastintrige hatte er Exil bei den Meriniden im marokkanischen Fes gesucht, während ein Verwandter als Muhammad VI. den Thron bestieg. Dieser hatte jedoch nicht das diplomatische Geschick von Muhammad V., geriet ins Räderwerk der Auseinandersetzungen zwischen den Großmächten und wurde 1362 von Pedro I. von Kastilien getötet. Muhammad V. kehrte aus Marokko zurück, behauptete sich im Frieden gegen seine Nachbarn und bescherte seinem Reich eine späte Blüte. In dieser Zeit entstand das Wunderwerk der Alhambra (s. u. S. 118).

Seit Anfang des 15. Jahrhunderts begannen die Fronten zu bröckeln. Die Herrscher mußten immer größere Zugeständnisse machen. Die strategische wichtige Grenzstadt Antequera fiel 1410 nach monatelanger Belagerung; der Eroberer, der kastilische Regent Ferdinand, hieß danach *el de Antequera*. Durch interne Kämpfe in Granada wurden die Nasriden entscheidend geschwächt; seit 1419 strebte die Familie der Banû l-Sarrâdj an die Macht, die durch Châteaubriands Roman als *Abencérrages* bekannt geworden sind. In Granada herrschten ständige Machtkämpfe, und nur die Tatsache, daß es im christlichen Spanien nicht besser aussah, hinderte die Kastilier daran, bereits im frühen 15. Jahrhundert dieses islamische Relikt auf iberischem Boden zu erledigen. Erst nachdem die Kronen von Kastilien und von Aragón vereint waren, erst nach der Heirat der «Katholischen Könige» Ferdinand von Aragón und Isabel von Kastilien im Jahre 1469 und der dann 1479 vollzogenen Einigung von Spanien unter einer einheitlichen Herrschaft waren auf christlicher Seite die Kräfte frei für die Beseitigung des nasridischen Granada.

Trotz der Schwäche der Muslime, trotz der militärischen Überlegenheit der Christen war der Kreuzzug von Granada lange und mühevoll; er dauerte zehn Jahre, Stadt für Stadt mußte niedergerungen werden. Die Kampagne begann 1482 mit der Eroberung von Alhama, einer Kleinstadt, die den Weg von Granada nach Málaga kontrollierte. Im Gefolge dieser Niederlage kam es zu Unruhen in Granada, die Abû ʿAbdallâh an die Macht brachten; dieser letzte nasridische König wurde später unter der populären Verballhornung seines Namens *Boabdil* berühmt. Abû ʿAbdallâh errang 1483 einen Sieg in der Axarquía östlich von Málaga, fiel aber bald darauf bei Lucena den Christen in die Hände. Weitsichtig beschloß Ferdinand von Aragón, sich seiner zu bedienen, statt ihn auszuschalten, ließ ihn frei und ernannte ihn zum Gouverneur von Guádix. Danach wollte er eigentlich abziehen, aber seine Gattin Isabel von Kastilien war entschlossen, den Kampf bis zum Endsieg weiterzuführen. Ronda fiel 1485. Im selben Jahr brach in Granada eine Revolte aus, und al-Zaghal wurde auf den Thron gehoben. Abû ʿAbdallâh repräsentierte in diesem internen Ringen die Partei derjenigen, die mit den Christen zu paktieren versuchten, während al-Zaghal den Kampf bis zum Sieg oder Untergang propagierte. So ging der Krieg mit unverminderter Heftigkeit weiter. Málaga leistete hartnäckigen Widerstand; die Stadt wurde 1487 von Land und See so lange belagert, bis alle Vorräte erschöpft waren und sie sich ergeben mußte. Die Christen hatten den Bewohnern Sicherheit versprochen, verkauften sie dann aber doch in die Sklaverei. Daraufhin geriet al-Zaghal in Granada in Schwierigkeiten; er mußte den Thron wieder Abû ʿAbdallâh überlassen und floh nach Almería. Er gab den Kampf auf, Abû ʿAbdallâh hingegen organisierte die Verteidigung von Granada bis zum bitteren Ende. Almería ergab sich 1489 kampflos den Christen. 1490 marschierte Ferdinand von Aragón ein erstes Mal gegen Granada, begnügte sich aber damit, die Felder und Olivenhaine des Umlands zu zerstören. Im Jahr darauf wurde der Belagerungsring um die Stadt geschlossen; die Katholischen Könige errichteten im Mai 1491 in der Ebene westlich von Granada eine neue Stadt eigens zur Organisation des Kampfes; sie nannten sie *Santa Fé*, «Heiliger Glaube», – ein programmatischer Name: Allianzen und Pakte waren vergessen, jetzt ging es nur noch um die Verteidigung der christlichen Religion, bis zum Endsieg.

Um die Kapitulation zu beschleunigen, bot man den Muslimen höchst vorteilhafte Bedingungen; zugesagt wurden die Freiheit der Religionsausübung, eine eigenständige Gerichtsbarkeit, keine Strafe für Konvertiten in beiderlei Richtung, keine Bestrafung für die Teilnahme am Krieg, Generalamnestie. Dies alles klang so verlockend, daß Abû ʿAbdallâh keinen Grund sah, nein zu sagen. Er ritt zu den Belagerern hinaus und übergab ihnen am 2. Januar 1492 die Schlüssel der Stadt. Die Katholischen Könige zogen triumphal in Granada ein und errichteten Kreuze im Thronsaal der Alhambra. Damit war die politische Macht des Islam auf der Iberischen Halbinsel definitiv zu Ende, in demselben Jahr, in dem die erste spanische Grammatik gedruckt wurde (aus der Feder des Humanisten Antonio de Nebrija) und in dem ein Abenteurer namens Christoph Columbus in westlicher Richtung den Seeweg nach Indien suchte und dabei eine neue Welt entdeckte. Kurz nach der Einnahme der Burg erließen die Katholischen Könige von ebendieser Alhambra aus das folgenreiche Edikt zur Ausweisung der Juden aus Spanien. Ein Reich, ein Glaube: Spanien war ein geeintes Land, mit einer Religion.

König Abû ʿAbdallâh verließ seine geliebte Stadt in Richtung Süden, über die Berge der Alpujarras nach Almuñécar und von dort über das Meer nach Afrika. An der Paßhöhe, von der aus man den letzten Blick auf die Stadt hat, soll er einen letzten Seufzer ausgestoßen haben, weswegen der Ort bis heute *El Suspiro del Moro*, «der Seufzer des Mauren», heißt. Von seiner Mutter ist der Ausspruch überliefert: «Was jammerst du wie ein Weib über den Verlust der Stadt, die du als Mann nicht zu verteidigen wußtest?» Die herrschende Klasse suchte Zuflucht im nahen Afrika; die meisten einfachen Bewohner aber blieben im Lande. Zunächst wurde ihr Glaube toleriert, doch bald kam es zu Zwangsbekehrungen; aus den *moros* wurden *moriscos*. Sie bildeten noch über ein Jahrhundert lang eine besondere Gruppe von Spaniern; dies ist Gegenstand des folgenden Abschnitts.

Die Moriscos (1492–1614)

Mit dem Fall von Granada änderten sich die Machtverhältnisse; es gab kein muslimisches Staatsgebilde auf iberischem Boden mehr. Zwar hatten auch zuvor schon überall in Hispanien Menschen gelebt, die nach der christlichen Eroberung ihren muslimischen Glauben beibehalten hatten, die sogenannten *mudéjares*; über Jahrhunderte hinweg bildeten diese eine wichtige Bevölkerungsgruppe im christlichen Spanien, insbesondere in Aragón und in der Levante. Nun aber waren sämtliche Einwohner des Königreiches von Granada zu Mudéjares geworden, was deren Zahl mit einem Schlag beträchtlich erhöhte. Dies konnte nicht ohne Auswirkungen bleiben. Sehr schnell wurden die Konsequenzen des Machtverlustes für die Muslime spürbar; da keine Staatsgewalt mehr schützend hinter ihnen stand, verloren sie ihre Rechte. Die im Kapitulationsvertrag von Granada ausgehandelten Bedingungen, die freie Religionsausübung gewährleistet hatten, wurden den verbliebenen Muslimen nicht lange zugestanden. Es kam massenhaft zu Zwangskonversionen: Vor die Alternative Taufe oder Exil gestellt, nahm die große Mehrzahl der Muslime nominell den christlichen Glauben an, praktizierte aber heimlich weiter den Islam. So entstand eine neue Kaste, eine Gruppe, die es im Mittelalter zu keinem Zeitpunkt gegeben hatte: die Krypto-Muslime. Um die Mitte des 16. Jahrhunderts kam zur Bezeichnung dieser Gruppe der Ausdruck *moriscos*, «kleine Mauren», auf. Moriscos sind getaufte Christen maurischer Herkunft; als solche unterstanden sie der christlichen Gerichtsbarkeit, insbesondere der Inquisition. Wegen des Drucks der kirchlichen Autoritäten kam es schon früh zu offenen Revolten, so bereits 1500 in den Alpujarras; solche Revolten steigerten den Druck von christlicher Seite. Eine unheilvolle Spirale der Eskalation kam in Gang; die mittelalterliche Toleranz gegenüber den Mudéjares war definitiv vorüber. Und der Inquisition genügte die Taufe nicht mehr, man mußte auch die richtige Gesinnung haben; denn nach islamischer Rechtsauffassung ist es Muslimen ausdrücklich erlaubt, sich aus Gründen der Opportunität zu verstellen, solange sie nur im Herzen ihrem Glauben treu bleiben. Zwangstaufen produzierten Scheinchristen, notwendigerweise. Und solches Scheinchristentum rief, ebenso notwendigerweise, die Inquisition auf den Plan.

Betrachten wir diesen Punkt etwas genauer. Im Prinzip ist der Abfall vom Islam ein todeswürdiges Verbrechen, den Apostaten werden schmerzliche Strafen im Diesseits und im Jenseits angedroht, denn nach islamischer Überzeugung kann jemand, der einmal den rechten Glauben angenommen hat, diesen nie mehr ablegen. Aber bereits im Koran ist eine salvatorische Klausel eingebaut; es heißt in Sure 16, 6: «Wer ungläubig gegenüber Gott wird, nachdem er den Glauben angenommen hat – es sei denn, er wurde gezwungen und sein Herz steht fest im Glauben –, bekommt eine gewaltige Strafe.» Damit ist jeder Art von Verstellung Tür und Tor geöffnet. In Zeiten äußeren Drucks zur Konversion ist den Muslimen ähnlich die Heuchelei gestattet wie den Juden, die in ihrer Yom Kippur-Liturgie sich einmal im Jahr mit dem altaramäischen *Kol Nidre* von allen unter Zwang ausgesprochenen Verpflichtungen, Eiden und Bekenntnissen feierlich lossagen. Bereits im Jahre 1503 erließ ein angesehener Rechtsgutachter (Muftî) in Oran auf Ersuchen der spanischen Muslime eine Fatwa, die es ihnen erlaubte, vor christlichen Statuen und Symbolen niederzuknien, Wein zu trinken und Schweinefleisch zu essen, immer natürlich unter der Voraussetzung, daß dies unter äußerem Druck geschah und daß sie in der Intention ihres Herzens (arabisch *niyya*, die «gute Absicht») rein im Islam verharrten. Druck erzeugt Verstellung, Verstellung verlangt die Erforschung der Herzen. In dieser Situation war Religion nicht mehr einfach definiert durch die unhinterfragte Zugehörigkeit zu einer Gemeinschaft und die äußerliche Befolgung ihrer Riten und Rituale, sondern durch die innere Gesinnung. Falsche Gesinnung wurde zu einem Straftatbestand, der im schlimmsten Fall mit dem Feuertod, der Konfiskation aller Güter und der Verfemung der Nachfahren bis ins dritte und vierte Glied bestraft werden konnte. Dies ist ein Novum in der Menschheitsgeschichte, ersonnen von der spanischen Inquisition in dieser historisch einmaligen Situation: der Versuch einer totalen Kontrolle über die innersten Regungen eines Menschen.

Die Zwangskonversionen wurden konsequent und oft mit brutaler Härte durchgeführt; es gibt Berichte über Massentaufen, bei denen Hunderte von Menschen mit Hilfe von Zweigen besprengt wurden, die man in Bewässerungskanälen naß gemacht hatte. Immerhin gab es Theologen, die sich über die Gültigkeit solcher «Taufen» Gedanken machten; die herrschende Lehrmeinung befand sie indessen für vollwertig und bedrohte diejenigen «Christen», die von ihrem neuen Glauben wieder abfallen wollten, als Apostaten mit dem Tod.

So folgte auf die militärische Katastrophe der Eroberung von Granada die menschliche Tragödie der Zwangskonversion der Mudéjares in ganz Spanien. Sie waren nun alle zu Moriscos geworden. Seit 1502 gab es in Kastilien, seit 1525 in Aragón und Valencia offiziell keine Muslime mehr. Zusammen mit der Ausweisung der Juden im Jahre 1492 bedeutete dies die totale Gleichschaltung im Glauben; Vielfalt wurde nicht mehr geduldet, Abweichung gnadenlos verfolgt. Zum historischen Verständnis muß hinzugefügt werden, daß dies die Epoche eines welthistorischen Ringens zwischen dem katholischen Spanien, der aus dem Norden Europas drohenden Spaltung der Christenheit durch die Reformation und dem expandierenden muslimischen Reich der Osmanen war. In diesem Kontext wurden die Moriscos als eine gefährliche Minderheit angesehen, eine Art fünfte Kolonne des äußeren Gegners im eigenen Land, zumal sie immer wieder Hilfe aus dem Ausland suchten, von England bis nach Ägypten und der Türkei. Daß sie allerdings jemals eine ernsthafte Bedrohung für die spanische Weltmacht dargestellt hätten, ist zu bezweifeln.

Das Jahrhundert der Moriscos verlief wechselhaft. Es ist sinnvoll, vier Perioden zu differenzieren: die Periode der Zwangskonversionen, die Epoche der Stabilität und der Kompromisse, der Krieg in den Alpujarras, und schließlich die Vorbereitung zur Ausweisung.

Nach der Eroberung von Granada genossen die zurückgebliebenen Mudéjares noch eine gewisse Zeit die Toleranz, die ihnen zugesagt worden war; bald jedoch nahmen die Diskrimierungen zu. 1495 wurde Cisneros, Beichtvater der Königin Isabel von Kastilien, Erzbischof von Toledo; er war ein Mann, den man als «hardliner» charakterisieren könnte. 1498 kam er nach Granada, wo er mit den Zwangkonversionen begann. 1499 ließ er auf dem Marktplatz von Granada ungezählte arabische Bücher verbrennen. Es kam zur Rebellion der Mudéjares vom Albaicín in Granada, die zwar rasch niedergeworfen wurde, aber auf die Alpujarras, das wilde Bergland zwischen Sierra Nevada und Mittelmeer, auf Almería und auf die Bergregion von Ronda übergriff. Es dauerte Monate, bis die kastilische Krone diesen Aufstand in den Griff bekam. Infolge dieser Niederlage wurden sämtliche Mudéjares in kastilischen Landen, auch diejenigen, die fern vom Königreich Granada seit Jahrhunderten friedlich mit den Christen zusammengelebt hatten, mit einem königlichen Edikt vom Februar 1502 vor die Alternative gestellt: Konversion oder Exil. Die meisten konvertierten und unterwarfen sich bedingungslos den neuen Herren. Wie bereits dargestellt, entstand so eine neue Kaste von Scheinchristen bzw. Krypto-Muslimen. Anfangs bemühte man sich noch um sie, versuchte sie im Christentum zu unterrichten und tolerierte ihre kulturellen Eigenheiten wie ihre Kleidung, Reinigungsrituale und Körperpflege in den Bädern; bald jedoch wurden gerade auch diese äußeren Merkmale des Andersseins verbannt: 1526 wurde ein königliches Edikt erlassen, das alle Besonderheiten der muslimischen Lebensweise verbot, vom rituellen Schlachten bis zum Tragen von Amuletten.

Die Mudéjares unter aragonesischer Herrschaft machten schätzungsweise ein Drittel der Gesamtbevölkerung aus; manche Regionen, insbesondere im Raum Valencia, waren mehrheitlich von Muslimen bewohnt. Die Toleranz währte hier etwas länger als in Kastilien; christliche Gutsherren setzten sich beim Monarchen dafür ein, daß ihre muslimischen Bauern ihren Glauben behalten konnten, aber auf Dauer war dies vergeblich. 1525 ordnete Kaiser Karl V. auch hier die Zwangstaufe aller verbliebenen Mudéjares an.

Es folgte eine Zeit relativer Ruhe, teils auch deswegen, weil die Moriscos sich mit hohen Tributzahlungen von der Überwachung durch die Inquisition freikauften. So konnten sie in einigen Regionen, vor allem in der Levante, mehr als eine Generationen lang relativ unbehelligt ihre hergebrachte Lebensweise weiterführen. Nominell waren sie zu Christen geworden, aber insgeheim wurde der Islam weiter tradiert. Muslimische Bücher waren natürlich verboten, aber es gelang dieser verfolgten Minderheit, sie dennoch zu kopieren und zirkulieren zu lassen. Die kirchlichen Autoritäten waren frustriert von der Erfolglosigkeit ihrer missionarischen Bemühungen um ehrliche Konversionen. Philipp II. verschärfte nach seiner Thronbesteigung 1556 den Druck auf die Moriscos; er strebte die religiöse und kulturelle Einigung der spanischen Nation an. Eine 1565 in Granada zusammengetretene Synode forderte die Moriscos zur völligen Assimilation an die christliche Mehrheitsgesellschaft auf. Sie sollten sofort auf ihre kulturellen Besonderheiten, wie Kleidung, Bäder, Tänze, verzichten; jede Art von Schriftstück auf arabisch wurde strikt verboten. Besonders erzürnt waren die Moriscos indessen von einer anderen Maßnahme: Sie hatten Dokumente vorzulegen, die sie als Besitzer des von ihnen bewirtschafteten Landes auswiesen; die meisten waren dazu nicht in der Lage und wurden enteignet, ihre Ländereien an christliche Großgrundbesitzer verteilt.

So kam es schließlich zur Rebellion. Am Weihnachtsabend 1568 versammelten sich die zum Aufstand Entschlossenen in Béznar südlich von Granada und wählten einen der Ihren zum Anführer; in Erinnerung an die lang verflossene Glorie des Umayyaden-Kalifats nannte er sich Ibn Umayya, was die Spanier zu Aben Humaya machten. Die Revolte breitete sich rasch aus. Sie war Sache der Dörfer; die Bevölkerung von Granada, Almería und Málaga nahm nicht daran teil. Zentrum war die unwegsame Bergregion der Alpujarras am Südhang der Sierra Nevada, ein weiterer Herd war das Bergland von Ronda. Die Aufständischen hofften auf Hilfe von außen, von Nordafrika oder den Türken; diese Hoffnung war jedoch vergeblich, denn die muslimischen Machthaber waren nicht willens einzugreifen, zumal die – bis dahin noch unbezwungene – spanische Armada alle Küsten kontrollierte. Dennoch waren die Kämpfe heftig und erbittert, es war ein regelrechter Krieg, den die spanische

Krone lange Zeit nicht in den Griff bekam. Philipp II. sah sich gezwungen, den besten Mann ins Feld zu schicken, seinen Halbbruder Don Juan de Austria, der kurz darauf die Seeschlacht von Lepanto gegen die Türken glorreich gewinnen sollte. Diesem gelang es, mit großem Heeresaufgebot und mit eiserner Faust den Aufstand zu ersticken. Zur Niederlage der Moriscos trugen aber auch die aus arabischer Vergangenheit ererbten inneren Zwistigkeiten bei: Die Anführer der Revolte wurden am Ende alle von Leuten aus den eigenen Reihen ermordet. Bemerkenswert ist auch, daß die Moriscos der Krone von Aragón, die viel zahlreicher und besser ausgerüstet waren als diejenigen von Granada, ihren Brüdern nicht zu Hilfe kamen.

Die Rebellen kämpften auf verlorenem Posten, ihr Aufstand endete in der totalen Niederlage und im Exil. Ende 1570 wurden alle granadinischen Moriscos auf Alt- und Neukastilien verteilt, auch diejenigen, die nicht am Aufstand teilgenommen hatten. Mit dieser Maßnahme wollte die spanische Krone diese Volksgruppe isolieren, um sie besser kontrollieren zu können und um die Bildung von Aufstandsherden von vornherein zu verhindern. Die Moriscos wurden in kleinstmögliche Gruppen auf zahlreiche Dörfer im ganzen Land verteilt. Da die Spanier über diese Umsiedlung penibel Buch geführt haben, sind wir über ihre Zahl genau informiert: Es waren 45 900 Menschen. Die Aktion verlief in geordneten Bahnen; je 200 Soldaten eskortierten Gruppen von je 1500 Moriscos. Trotz anfänglicher Bemühungen um gute Behandlung ist schätzungsweise ein Drittel der Moriscos bei den winterlichen Märschen in den Norden des Landes ums Leben gekommen. Das granadinische Moriscotum war damit ausgelöscht; es ging in der spanischen Nation auf, ohne Spuren zu hinterlassen.

Es blieben noch die Moriscos der Levante. Angesichts der offenkundigen Unmöglichkeit der Assimilation stellte die spanische Krone mehrfach Überlegungen zur Ausweisung an, zögerte aber am Ende doch immer wieder, die Pläne in die Praxis umzusetzen. Francisco Sandoval, Herzog von Lerma, der allmächtige Minister des schwachen Königs Philipp III., sah den Moment zur Ausweisung gekommen, als mit England und Frankreich

Die Moriscos (1492–1614)

Frieden herrschte und mit den Niederlanden ein Waffenstillstand unterzeichnet worden war. Die endgültige Ausweisung aller Moriscos begann im August 1609; sie dauerte volle fünf Jahre. Region um Region wurde «gesäubert», dabei führten die Spanier genaue Statistiken. Es kann als gesichert gelten, daß mehr als 300000 Menschen ausgewiesen wurden, bei einer Gesamtbevölkerung Spaniens von etwa 8,5 Millionen. In dem fruchtbaren Tal von Ricote bei Murcia waren die Moriscos zunächst der Ausweisung entgangen, weil ihre lokalen Herren sich für ihren Verbleib einsetzten. Dann aber erließ Philipp III. Ende 1614 eigens für sie ein Ausweisungsdekret; über Cartagena und Mallorca verließen die Ricoteños als letzte noch verbliebene Moriscogruppe das spanische Königreich in Richtung Nordafrika. Mit diesem Exodus war die Präsenz des Islam auf spanischem Boden nach mehr als neunhundert Jahren endgültig vorüber. Die Moriscos verstreuten sich vor allem in den Ländern des Maghreb (Marokko, Algerien, Tunesien), wo sie die einheimische Kultur und Wirtschaft bereicherten. Bis heute verweisen bestimmte Eigennamen auf spanische Herkunft, etwa *Gastli* von *qastalî*, «aus Kastilien».

In der Levante waren danach ganze Landstriche verödet, das Bewässerungswesen brach zusammen, Landwirtschaft und Gewerbe kamen mancherorts fast völlig zum Erliegen. Im Grunde hat die Weltmacht Spanien diesen Aderlaß nur deswegen scheinbar verkraftet, weil der Zufluß von Gold und anderen Reichtümern aus Amerika die prekäre Lage im Inneren zunächst überdecken konnte. In Wahrheit war die Ausweisung der Moriscos nicht nur eine humanitäre, sondern auch eine ökonomische Katastrophe, die für den Niedergang Spaniens seit dem 17. Jahrhundert maßgeblich mit verantwortlich war.

3. Kulturelle Vielfalt im Maurischen Spanien

Ethnos, Religion und Sprache

Das Maurische Spanien war zu keiner Zeit ein ethnisch homogenes Gebilde, im Gegenteil, die Pluriethnizität war geradezu sein Markenzeichen. Gewiß war die Leitkultur, wenn wir sie denn so nennen wollen, eindeutig der arabisch dominierte Islam, aber durch das Zusammenleben verschiedener Rassen und Partikularkulturen erhielt das «Haus des Islam» in Hispanien ein besonderes Gepräge.

Das westgotische Reich, das zur Zeit der islamischen Eroberung drei Millionen Bewohner gehabt haben mag, bestand aus der autochthonen Bevölkerungsmehrheit der Hispano-Romanen, die von einer kleinen gotischen Oberschicht, vielleicht 150000 Menschen, regiert wurden. Die Goten waren bei ihrer Ankunft auf der Iberischen Halbinsel im 5. Jahrhundert längst romanisiert, sie hatten ihre angestammte germanische Sprache zugunsten des Lateinischen aufgegeben; ein sprachlicher Gegensatz zur einheimischen Bevölkerung bestand also nur noch in den Personennamen, von denen im Spanischen tatsächlich viele gotischer Herkunft sind (Rodrigo, Enrique, Álvaro, Gonzalo usw.). Sie waren eine kriegerische Adelskaste, deren Selbstbewußtsein auf ihrer Genealogie beruhte. Religiös standen sie zunächst im Gegensatz zu den katholischen Hispano-Romanen, weil sie sich zum Arianismus bekannten, der die Gottessohnschaft Jesu nicht anerkennt; erst 587 trat der Gotenkönig Recaredo zum Katholizismus seiner Untertanen über.

Daneben gab es zwei Minderheiten: die noch heidnischen Basken, die erst um 630 endgültig unterworfen und christianisiert wurden, und die Juden. Die jüdische Präsenz ist ein zentral prägendes Element der spanischen Geschichte, gerade auch der Geschichte von al-Andalus. Ob Juden bereits an der Gründung des prähistorischen Tartessos beteiligt waren, bleibt spekulativ; sicher ist hingegen, daß sie nach der Zerstörung des Zweiten Tempels von Jerusalem durch den römischen Kaiser Titus im Jahre 70 in größerer Zahl auf die Iberische Halbinsel kamen. Ihre Präsenz ist archäologisch vielfach belegt, so in Tarragona, auf den Balearen und in Andalusien. Die Goten haben sich streng von ihnen abgegrenzt und zahlreiche diskriminierende Gesetze gegen sie erlassen.

In diese Welt brach der noch junge Islam mit ganzer Macht ein. Einige Nachfahren der gotischen Herrscher zogen sich in das unzugängliche, strategisch bedeutungslose – und regenreiche – kantabrische Bergland im Norden der Halbinsel zurück. Die Organisation des Widerstandes und seine juristische Legitimation kamen von dort. Währenddessen formierten sich in al-Andalus, dem islamischen Herrschaftsbereich mit seinen variablen Grenzen, neue Gruppen – oder «Kasten», wie die Historiker heute sagen. Die Zahl der Eroberer und Einwanderer der ersten Welle wird auf nicht mehr als 100 000 Menschen geschätzt; in der Mehrzahl waren es Berber aus Nordafrika, die gerade erst den Islam angenommen hatten und des Arabischen großenteils noch nicht mächtig waren. Die Führung des sich formierenden Staates hatte aber anfangs ausschließlich die kleine Gruppe der Araber, die, ebenso wie die Goten, ihr Selbstbewußtsein und ihren Herrschaftsanspruch aus ihrer Genealogie ableiteten; es war eine Adelskaste, deren Stammbäume tief in die beduinische Vergangenheit der präislamischen Arabischen Halbinsel zurückreichten.

Sehr bald bildeten sich neue Führungs-Clans berberischer und hispanischer Herkunft. Viele Berber-Familien versuchten, sich arabische Stammbäume zurechtzuzimmern, um ihr Image aufzubessern, während die Muslime hispanischer Herkunft oft an ihren gotischen Familiennamen festhielten. Alle assimilierten sich rasch und vollständig an die herrschende arabische Kultur, was die Übernahme des Arabischen als Schriftsprache einschloß. Die Hispano-Romanen übernahmen teils den Islam (allein schon, weil dies erhebliche Steuervorteile mit sich brachte!), teils verharrten sie im Katholizismus. Es gibt Schätzungen, wonach etwa ein Viertel der Hispano-Romanen gleich in den ersten Generationen zum Islam überging, daß ihr Anteil im 10. Jahrhundert auf drei Viertel anstieg und nach der Jahrtausendwende den größten Teil der Bevölkerung umfaßte; im nasridischen Königreich von Granada war der Islam alleinherrschend. Die Islamisierung war also ein langer Prozeß. Es muß betont werden, daß die große Mehrheit der hispanischen Muslime Nachkommen der einstmals katholischen Hispano-Romanen waren; die «reinrassigen» Araber waren immer eine Minderheit, wenngleich die tonangebende. Konversionen von Juden zum Islam kamen vor, blieben aber vereinzelt; im allgemeinen freuten sich die Juden an der Toleranz, die sie von seiten des islamischen Staates erfuhren.

Kulturell assimilierten sich alle Kasten an das herrschende Arabertum, auch die nichtislamisierten Gruppen. Die nichtkonvertierten Hispano-Romanen in al-Andalus hatten den Status einer geduldeten religiösen Minderheit. Bekanntlich duldet der Islam in seinem Herrschaftsbereich die «Völker des Buches», also Juden und Christen, wenn auch unter mehr oder minder strengen Auflagen. In al-Andalus kam es nur um 856 zu einer kurzen Christenverfolgung in Córdoba und 1066 zu einem antijüdischen Pogrom in Granada (s. o. S. 21 und S. 38). Selbst unter den beiden Berber-Dynastien, als die Religionen sich unversöhnlich gegenüberstanden, waren Juden und Christen zwar diskriminiert, sie waren aber nicht unmittelbar Verfolgungen ausgesetzt. Es ist höchst bemerkenswert, daß beide Kasten ihre Religion zwar beibehielten, dabei aber das Arabische als Sprache benutzten, zumindest zeitweise. Dies ist wenig bekannt und soll daher im folgenden etwas genauer beleuchtet werden.

Die Christen von al-Andalus werden «Mozaraber» genannt, also sprachlich-kulturell «arabisiert». Die mozarabischen Christen entwickelten eine eigenständige Kultur, die zeitweise in hoher Blüte stand. Mozarabische Architektur hat sich nur in Überresten erhalten. Ein faszinierendes Zeugnis ist die Ruine von Bobastro im Bergland nördlich von Málaga, die von dem – vielleicht zum Christentum rückkonvertierten – Rebellenfürsten Ibn Hafsûn stammt (s. o. S. 22). Stilistisch entspricht diese

Kirchenruine den gleichzeitigen präromanischen Kirchen des christlichen Nordens, die früher irrenführenderweise als «mozarabisch» bezeichnet wurden (heute begrenzt man diesen Begriff strikt auf die Christen unter islamischer Herrschaft).

Die Mozaraber pflegten sogar religiöse Literatur auf arabisch. In der Zeit der freiwilligen christlichen Märtyrer von Córdoba um 856 schrieb ein gewißer Álvaro (der, wie der Name besagt, aus altem gotischem Adel stammte) einen langen lateinischen Traktat, in dem er den Verfall der literarischen Kultur in dieser Sprache beklagt und die Jugend ermahnt, sich nicht vom Pomp und Glanz der arabischen Rhetorik blenden zu lassen – offenbar war diese Mahnung nötig! Wir wissen heute, daß sein eigener Sohn Hafs ibn Albar, genannt al-Qutî, «der Gote», zu dieser Jugend gehörte, die der Pracht der arabischen Sprache erlegen war. Dieser Hafs hat ein sprachlich wie religiös bemerkenswertes Werk verfaßt: eine arabische Nachdichtung der biblischen Psalmen. Im formvollendeten epischen Versmaß bildete er dasjenige Buch des Alten Testaments nach, bei dem die Christen in Zeiten der Verfolgung Trost suchten, den Psalter. Dieses Werk ist ein beeindruckendes Zeugnis davon, wie die Menschen versuchten, sich in die herrschende arabische Kultur zu integrieren, ohne dabei ihre angestammte christliche Identität zu verleugnen; sie bemühten sich, ihr christliches Erbe in die neue Kultur einzubringen und so zugleich auch neu zu beleben.

Solche Versuche sind auf christlicher Seite isoliert geblieben. Anders war es bei den Juden. Die islamische Herrschaft in Spanien bot ihnen Entfaltungsmöglichkeiten wie nie zuvor in der Geschichte ihrer postbiblischen Diaspora. Hier schufen sie die große Blüte ihrer Kultur, das Goldene Zeitalter, von dessen Substanz spätere Jahrhunderte noch zehrten. Die Konsequenzen in sprachlicher Hinsicht waren von zweierlei Art: Zum einen nahmen auch die Juden, so wie die mozarabischen Christen, das Arabische als Kultursprache an; zum anderen führte die Kultivierung dieser semitischen Schwestersprache zur Neubelebung ihres eigenen Hebräisch. Die erste Wiedergeburt der Sprache der Bibel erfolgte somit in Spanien, ein volles Jahrtausend vor der Gründung des Staates Israel. Das Hebräische war bereits im

3. vorchristlichen Jahrhundert als Umgangssprache verstummt. Man kann es jedoch nicht wirklich als «tote Sprache» bezeichnen, da es von den Juden weiterhin als Schriftsprache gepflegt wurde; es war allerdings völlig auf den religiösen Bereich begrenzt, als Sprache von Bibel, Liturgie und Theologie. Die islamische Eroberung Spaniens befreite die Juden nicht nur politisch vom gotischen Joch, sie führte auch zur Befreiung der hebräischen Sprache. Im Kontakt mit der arabischen Kultur wurde das Hebräische weltoffen, dem Diesseits zugewandt, eine Sprache, in der die Liebe und der Wein besungen und in der die profansten Dinge des Lebens ausgedrückt werden konnten. Die jüdischen Dichter und Philosophen des Goldenen Zeitalters hatten eine zweifache Bildung, eine arabische und eine hebräische. Ihre diskursive Prosa war arabisch, aber sie dichteten auf hebräisch, und zwar so, wie nie zuvor in dieser Sprache gedichtet worden war. Auf diese Weise verschmolz die hebräische mit der arabischen Sprachkultur. Die Stimme der hispanischen Juden fügte sich in die herrschende arabische Kultur ein, wobei, wie immer wieder betont werden muß, arabisch nicht gleichbedeutend war mit islamisch. Die arabische Sprache stand allen Kasten zur Verfügung, ihr Gebrauch war nicht von der Konversion zum Islam abhängig. Die bedeutendsten Werke der jüdischen Philosophie und Theologie wurden in arabischer Sprache verfaßt; und zugleich emanzipierte sich die hebräische Sprache selbst nach arabischem Vorbild von der Last ihrer eigenen Vergangenheit.

Ethnische Herkunft, Religion und Sprache – diese drei Parameter standen nicht notwendigerweise miteinander in Einklang. Es gab arabisch dichtende Goten ebenso wie arabisch philosophierende Juden. Und das dialektale Umgangsarabisch war ohnehin die von allen verstandene Alltagssprache. Daneben hat sich das gesprochene Romanisch, also ein frühes Altspanisch, das von den Sprachwissenschaftlern als «Mozarabisch» bezeichnet wird, lange in der Bevölkerung von al-Andalus erhalten. Auch dieses Romanisch war religionsübergreifend verbreitet. So wird von einem weisen islamischen Rechtsgelehrten im Sevilla des 11. Jahrhunderts berichtet, dessen kluge Richtsprüche von allen respektiert wurden; daß dieser Kadi kein Arabisch, sondern nur Romanisch sprach, war kein Hinderungsgrund! Der Dichterkönig al-Mu'tamid von Sevilla konnte trotz seiner Herkunft aus altarabischem Adel genügend Romanisch, um zweisprachige Wortspiele zu improvisieren. Und der hebräische Dichter Moshe ibn 'Ezra war imstande, eine Bibelpassage aus dem Stegreif vom Hebräischen ins Romanische zu übersetzen – auf Geheiß seines muslimischen Lehrers, mit dem er arabische Literatur studierte. Die *khardjas* (romanische Schlußverse in arabischen und hebräischen Oden, s. u. S. 107) legen von der romanisch-vulgärarabischen Zweisprachigkeit ein lebendiges Zeugnis ab, ebenso die von romanischen Wörtern und Dialogen durchsetzten dialektal-arabischen Gedichte von Ibn Quzmân (s. u. S. 110). Jahrhundertelang gab es in al-Andalus ein Wir-Gefühl, für das sprachlich-kulturelle Gemeinsamkeiten mindestens so wichtig waren wie die Religionszugehörigkeit. Auch im christlichen Spanien konnten Juden und Muslime (die Mudéjares) sich ungehindert entfalten und ihre Religion frei ausüben.

Dieses Zusammenleben der Kasten und Sprachen in al-Andalus änderte sich erst spät, zur Zeit der berberischen Herrscher. Diese waren auch deshalb so unbeliebt, weil sie sich weder sprachlich noch kulturell integrierten; das Hocharabische mußten sie erst noch lernen, Romanisch haben sie nie gesprochen. Die religiös definierten Kasten drifteten auseinander. Im christlichen Spanien kam es 1391 zum ersten Mal zu einer Judenverfolgung – ein solches Pogrom wäre unter der Herrschaft etwa von Alfonso el Sabio unvorstellbar gewesen! Im 15. Jahrhundert griff die Intoleranz weiter um sich. Nach der politischen Vernichtung von al-Andalus im Jahre 1492 wurde deutlich, daß die neue katholische Leitkultur unter dem dominanten Einfluß der Inquisition totale Assimilation und Aufgabe der eigenen Identität forderte; weder die Juden noch die zwangsbekehrten Moriscos waren in diese Kultur integrierbar. Das Endergebnis waren die von der spanischen Krone befohlenen Ausweisungen von 1492 und 1609 – ethnische Säuberungen in der frühen Neuzeit!

Versuchen wir abschließend einen Überblick:

> **Religiöse Gruppierungen:**
> - *muladíes:* zum Islam konvertierte Christen
> - *moriscos:* zum Christentum konvertierte Muslime
> - *mozárabes:* unter dem Islam lebende Christen
> - *mudéjares:* unter dem Christentum lebende Muslime
> - *Juden*
>
> **Ethnische Gruppierungen:**
> - *westgotischer Adel*
> - *Hispano-Romanen* (auch *mozárabes* oder *muladíes*)
> - *Juden* (auch Krypto-Juden nach 1492)
> - *Araber*
> - *«alte» Berber:* mit der Eroberung oder kurz danach ins Land gekommen
> - *«neue» Berber:* als Söldner unter dem Kalifat oder unter den Berber-Dynastien ins Land gekommen
> - *moriscos:* Krypto-Muslime, nach 1500
>
> **Sprachen und ihre Funktionen:**
> - *Hocharabisch:* universale Kultursprache für Muslime, Juden und – begrenzt – Mozaraber
> - *dialektales Arabisch:* universale Umgangssprache für alle Gruppen, begrenzt literarisch gebraucht
> - *Latein:* Kultursprache der Christen
> - *romanische Dialekte:* universale Umgangssprache für alle Gruppen
> - *Hebräisch:* Kultursprache der Juden
> - *berberische Dialekte:* Umgangssprache der «neuen» Berber

An der Basis der Kommunikationspyramide herrschte jahrhundertelang die Zweisprachigkeit von dialektalem Arabisch und dialektalem Romanisch, und zwar weitgehend unabhängig von Rasse und Religion. An der Spitze der Kommunikationspyramide gab es eine von allen drei Religionen verwendete Schriftsprache, nämlich das Hocharabische, sowie zwei weitere religiös definierte Schriftsprachen, nämlich Latein für die Christen und das neu belebte Hebräisch für die Juden. Seit dem 12. Jahrhundert ging die universale Rolle des Hocharabischen allmählich verloren; zugleich begann im christlichen Norden die Verschriftung der romanischen Dialekte (Altspanisch, Altportugiesisch, Altkatalanisch), während das Romanische im islamischen Süden (das Mozarabische) ganz verschwand. Religiös-ethnische Grenzen waren zu sprachlichen Grenzen geworden.

Die Übersetzerschulen von Toledo

Unter den Kulturleistungen des Maurischen Spanien nimmt die Vermittlung und Weitergabe wissenschaftlicher Kenntnisse und Methoden eine herausragende Stellung ein; hierbei spielen Übersetzungen eine zentrale Rolle. Die islamische Zivilisation hat das wissenschaftliche und philosophische Erbe der griechischen Antike aufgenommen und weitervermittelt; sie wurzelt nicht weniger in den griechischen Traditionen als das christliche Abendland. Nachdem die aus dem arabischen Beduinentum hervorgegangene Religion des Propheten Muhammad im Vorderen Orient sich machtpolitisch konsolidiert hatte, begannen die Abbasiden-Kalifen von Bagdad, Wissenschaft und Kultur zu fördern. Es galt, die reichen Schätze, welche die Hochkulturen der Vergangenheit angehäuft hatten, zu heben und nutzbar zu machen. Der abbasidische Islam sog das Wissen der Welt in sich auf, verleibte es sich durch Übersetzungen ein und machte es durch die neue Universalsprache Arabisch universal zugänglich. Erst durch diese umfassende Übersetzungstätigkeit erlangte die arabische Schriftsprache jene Vielgestaltigkeit, Geschmeidigkeit und Präzision, die sie zum Ausdruck aller Bereiche des menschlichen Wissens fähig machte. Die islamische Kultur lebt vom Gedankengut früherer Hochkulturen, dieses bildet ihre Substanz; die Araber haben die Sprache beigetragen, als die Form, welche diese Substanz angenommen hat. Das Arabische, durch den Islam weltweit verbreitet, wurde zur wissenschaftlichen Universalsprache, deren immense Ressourcen den Denkern aus zahlreichen Völkern, von mittelasiatischen Persern und Uzbeken bis zu spanischen Juden, die kreative Weiterentwicklung der großen Traditionen der Antike ermöglicht hat.

Die sogenannte Übersetzerschule von Bagdad hat welthistorische Bedeutung; dies gilt für den Ausbau der arabischen Sprache, vor allem aber auch für die Globalisierung des Wissens. Sie hat dafür gesorgt, daß die Texte der griechischen Antike erhalten blieben. Manchmal sind die damals entstandenen arabischen Übersetzungen das einzige Zeugnis von Texten, die im griechischen Original verloren sind; auf jeden Fall sorgten die Übersetzungen nach dem Niedergang der griechischen Sprache für Erhalt und Weitergabe des antiken Wissens. Sponsoren dieser gewaltigen Arbeit waren die großen abbasidischen Kalifen, besonders Hârûn al-Rashîd (786–809) und al-Ma'mûn (813–833); die Tätigkeit dieser Schule (im sogenannten «Haus der Weisheit» in Bagdad) reicht bis zur Jahrtausendwende. Die Übersetzer waren oft syrische Christen, die des Griechischen und Arabischen sowie des vermittelnden Syrisch-Aramäischen mächtig waren. Sie wurden hervorragend bezahlt und waren hoch angesehen. Hier seien nur zwei Namen genannt: Hunayn ibn Ishâq (808–873), ohne dessen Übersetzungen von Galen und Hippokrates die mittelalterliche Medizin undenkbar wäre; und Thâbit ibn Qurrâ (826–901), der mit seinen Übersetzungen von Euklid, Archimedes und Ptolemäus die Mathematik und die Astronomie entscheidend vorangetrieben hat. Nicht nur aus dem Griechischen wurde übersetzt, sondern auch aus dem Mittelpersischen (Pahlavi) und aus dem Sanskrit; die Trigonometrie beispielsweise stammt aus Indien.

Drei Jahrhunderte nach Bagdad wurde Toledo das international wichtigste Zentrum der Wissensbewahrung und Wissensweitergabe durch Übersetzungen. Nirgendwo sonst war der Kontakt zwischen den Kulturen intensiver als in Spanien, nirgendwo sonst (das normannische Sizilien unter Friedrich II. vielleicht ausgenommen) herrschte eine solche Weltoffenheit, nirgendwo anders wäre eine solche Zusammenarbeit zwischen Muslimen, Christen und Juden vorstellbar gewesen. Toledo, an der Nahtstelle zwischen dem christlichen und dem muslimischen Spanien gelegen und Sitz einer starken jüdischen Gemeinde, war eine kosmopolitische Stadt, wo nicht nur Angehörige der drei spanischen Kasten zusammenlebten, sondern auch wissenshungrige Scholaren aus ganz Europa zusammenkamen.

In jener Zeit schickte die monastische Reformbewegung von Cluny ihre Emissäre aus, und so gelangte Anfang des 12. Jahrhunderts auch der gaskognische Mönch Raimund nach Spanien. Er war Kanzler des kastilischen Königs Alfons VII., der ihn 1126 zum Erzbischof von Toledo, und damit zum Primas von Spanien, ernannte; er starb 1152. Seiner Initiative und aktiven Förderung war es zu verdanken, daß die Stadt zu dem internationalen Zentrum der Gelehrsamkeit ausgebaut wurde, das wir heute als «Übersetzerschule von Toledo» bezeichnen. Hier wurden im 12. und 13. Jahrhundert alle wichtigen Schriften zu Wissenschaft und Philosophie aus dem Arabischen ins Lateinische übersetzt. Als Übersetzer wirkten Gelehrte aus ganz Europa, die von Erzbischof Raimund und seinem Nachfolger Johannes zu Domkapitularen ernannt und so materiell bestens versorgt wurden.

Diese Tätigkeit stellte an die Sprach- und Sachkenntnisse der Übersetzer höchste Anforderungen. Daher arbeiteten sie oft im Zweierteam: Ein Mozaraber oder ein Jude, der des Arabischen mächtig war, übersetzte mündlich in die allen gemeinsame romanische Umgangssprache; der christliche Kleriker transformierte dann diese Version in seine lateinische Schriftsprache. Auf diese Weise war das optimale Verständnis des Originaltextes durch Sprachkundige ebenso gewährleistet wie die stilistische Korrektheit des Endtextes, der in der christlichen Universalsprache Latein verfaßt und daher europaweit verstehbar war.

Die Arbeitsweise dieser Übersetzerteams ist historisch verbürgt, einige sind uns namentlich bekannt. So nutzte Dominicus Gundisalvus die umfassenden philosophischen und sprachlichen Kenntnisse eines Juden namens Avendaut (Ibn Dawûd), der sich nach seiner Konversion Johannes Hispanus nannte und auch eigenständige Übersetzungen verfaßt hat; Girardus Cremonensis arbeitete mit einem Mauren namens Ghâlib (Galippus) zusammen. Dieser Gerhard aus dem italienischen Cremona (1114–1187) war der fruchtbarste und bedeutendste Vertreter der toledanischen Schule; er übersetzte etwa achtzig Werke, so von Euklid, Galen, Hippokrates und Aristoteles, den «Kanon» der Medizin von Avicenna und die Werke der großen arabischen Philosophen. Er kam nach Spanien auf der Suche nach einer authentischen Version des *Almagest* von Ptolemäus; die Übersetzung dieses wohl einflußreichsten Werkes der Astronomiegeschichte vollendete er im Jahre 1175 in Toledo.

Dominicus Gundisalvus (ca. 1130–1180; der Familienname ist eine Latinisierung des spanischen Gonzal(v)o, die aufgrund eines Kopierfehlers oft auch als Gundisalinus erscheint) ist in Frankreich an der berühmten Kathedralschule von Chartres erzogen und von dem dort gepflegten Neoplatonismus geprägt worden; zu seinen Werken gehört eine Adaptation des «Katalogs der Wissenschaften» von al-Fârâbî, unter dem Titel *Liber de scientiis*. Dasselbe Werk war auch von Gerhard von Cremona übersetzt worden; der Vergleich beider Versionen zeigt, wie intensiv diese lateinischen Kleriker mit dem arabischen Original sprachlich gerungen haben.

Doch übersetzte man nicht nur Werke aus Wissenschaft und Philosophie, sondern auch Grundwerke des Islam. Der Koran wurde gar zweimal ins Lateinische übersetzt. 1134 beauftragte Petrus Venerabilis, der berühmte Abt von Cluny, den Engländer Robert von Chester damit, nach Spanien zu reisen und erstmals den Koran ins Lateinische zu übersetzen. Robert hatte primär mathematische Interessen, er übersetzte 1145 die *Algebra* des al-Khârizmî; berühmt wurde er aber durch seine Koran-Übersetzung, die jahrhundertelang das Bild des Islam in Europa geprägt hat. Zwei Generationen später machte sich ein Toledaner erneut an diese Aufgabe; auf Ersuchen von Erzbischof Rodrigo Jiménez übertrug der Kanoniker Marcus Toletanus den Koran im Jahre 1210 ein zweites Mal ins Lateinische. Erklärter Zweck dieser Übung war natürlich die Widerlegung des islamischen Glaubens: Man wollte den Feind nicht nur mit «körperlichen Waffen», sondern auch geistig überwinden und so dem christlichen Glauben zum Siege verhelfen. Immerhin enthält diese Übersetzung und ihr ausführliches Vorwort sehr viel objektive Information. Unmittelbar nach der Schlacht von Las Navas de

Tolosa (1212), in der die islamische Streitmacht vernichtend geschlagen wurde, erhielt Markus von Toledo einen weiteren Auftrag: Er hatte die grundlegende Lehrschrift des Begründers der Almohaden-Bewegung ins Lateinische zu übersetzen, die ʿAqîda («Doktrin, Glaubenslehre») des Ibn Tûmart. Das spanische Christentum trat dem Islam nicht nur auf dem Schlachtfeld offensiv entgegen, man setzte sich auch mit der Doktrin des Gegners in Kenntnis der maßgebenden Texte geistig auseinander. Und man bereicherte sich mit der jenseits aller religiösen Differenzen bestehenden Substanz der islamischen Zivilisation.

1248 marschierte der kastilische König Fernando III. siegreich in Sevilla ein und beendete damit die «Große Reconquista». Begleitet wurde er von seinem Sohn, dem Kronprinzen Alfonso, der vier Jahre später den Thron besteigen sollte. Der Islam war militärisch besiegt – um so offener konnte man sich jetzt seine Geistesschätze einverleiben. König Alfonso X. (reg. 1252–1284) bewunderte die arabische Zivilisation und war zeit seines Lebens bemüht, ihre Errungenschaften in die spanische Kultur zu integrieren. Wegen seiner Bemühungen um die arabische Wissenschaft erhielt er den Beinamen «el Sabio», was im Deutschen als «der Weise» wiedergegeben wird, aber eigentlich «der Gelehrte» bedeutet. In der von ihm ins Leben gerufenen zweiten Übersetzerschule von Toledo war nicht mehr das Lateinische, sondern das Spanische die Zielsprache.

Noch als Kronprinz ließ Alfonso 1251 die berühmte Erzählungssammlung «Calila und Dimna» ins Altspanische übersetzen. Dieses Werk, dessen Substanz aus Indien stammt, war über Persien in die islamische Zivilisation gelangt. 750, im Gründungjahr des Abbasiden-Kalifats, hatte es Ibn al-Muqaffaʿ aus dem mittelpersischen Pahlavi ins Arabische übersetzt, er wurde so zum Begründer der erzählenden arabischen Prosa. Die fast genau fünf Jahrhunderte danach entstandene Version ebendieses Werks im Auftrag des kastilischen Infanten Alfonso bildete die Grundlage für die narrative Prosa im Spanischen. Dieses Werk ist eigentlich ein Fürstenspiegel, also eine Anweisung an den Herrscher, wie er die verborgenen Intentionen der Menschen erkennen und sich so vor Intrigen schützen kann; in der europäischen Literatur wurde es zu einer unerschöpflichen Quelle von Erzählungen und Fabeln. Es gibt Versionen davon in nahezu allen europäischen Sprachen.

Als König veranlaßte Alfonso el Sabio die Übersetzung zahlreicher Werke aus dem Arabischen ins Spanische. Im Unterschied zur Übersetzerschule des 12. Jahrhunderts galt das Interesse des Monarchen nicht der philosophischen Spekulation, sondern den Wissenschaften und dem praktischen Wissen. Besonders faszinierten ihn Astronomie und Astrologie. Er ließ einige Hauptwerke dieser Disziplinen aus dem Arabischen übersetzen, so die *Canones* von al-Battânî aus Harrân (858–929), des bedeutendsten aller arabischen Astronomen, oder des «Buches vom ebenen Astrolab» (*El libro de la Açafeha*) des 1100 gestorbenen Toledaners Azarquiel (s. u. S. 83); dieses Werk wurde 1255 ein erstes Mal von einem Christen und dann 1277 erneut von einem Mozaraber in Zusammenarbeit mit einem Juden übersetzt – der König selbst hatte diese Neubearbeitung in Auftrag gegeben und stilistisch daran mitgewirkt. Es ist schon ein erstaunliches Bild: Der König eines großen Reiches nimmt aktiven Anteil an der sprachlich-stilistischen Korrektur der Übersetzung eines astronomischen Fachtextes aus dem Arabischen ins Altspanische. Von keinem Reich des mittelalterlichen Europa könnte man sich etwas Ähnliches vorstellen!

Mit seiner Tätigkeit als Mäzen dieser zweiten Übersetzerschule von Toledo hat Alfonso el Sabio die Grundlage für die Entwicklung des Spanischen als universaler Kultursprache geschaffen. Von nun an war es möglich, über alle Gebiete des menschlichen Wissens auf spanisch zu schreiben, auch über Naturwissenschaften und Mathematik, Gebiete, die bis dahin dem Lateinischen vorbehalten waren. Alfonso el Sabio schuf eine Art Enzyklopädie der Wissenschaften in der Volkssprache seines Königreiches, eine für seine Zeit revolutionäre Neuerung. Mit dieser Wendung hin zum Spanischen machte er das Wissen breiteren Schichten zugänglich; zugleich wurde allerdings die Verbreitung dieses Wissens in Europa behindert, weil die europäische Universalsprache Latein zurückgedrängt wurde.

Nach dem Modell des Arabischen wurden die Wissenschaften in der Volkssprache formuliert und dabei ganz neue Ausdrucksmöglichkeiten geschaffen. In diesem Prozeß waren die Juden die entscheidenden Mittler, und dies aus zwei Gründen. Zum einen waren sie sprachkundig, sie beherrschten sowohl das Arabische (im Unterschied zu den Christen) als auch das Spanische (im Unterschied zu den Muslimen), was sie zu ihrer Rolle als Übersetzer und Kulturvermittler prädestinierte. Zum anderen hegten sie eine tiefe Abneigung gegen das Lateinische als Sprache der kirchlichen Autorität, die für sie eine lange Erfahrung von Unterdrückung und Verfolgung repräsentierte; so zogen die Juden das Spanische dem Lateinischen vor. Dies Haltung paßte zu der Zielsetzung des spanischen Monarchen, der die Volkssprache zu literarischen und wissenschaftlichen Ehren bringen wollte. Das Ergebnis war die Entfaltung des Spanischen als Kultursprache, die in dem geistigen Klima der wechselseitigen Durchdringung und Befruchtung zwischen der islamischen, jüdischen und christlichen Welt ihre Wurzeln hat.

Die Wissenschaften

Das Maurische Spanien ist für die abendländische Kulturgeschichte von zentraler Bedeutung, und zwar in zweifacher Hinsicht: In al-Andalus wurden die großen Traditionen der Philosophie und Wissenschaft eigenständig weiterentwickelt, einige der bedeutendsten Denker und Forscher der arabischsprachigen Welt sind Andalusier; außerdem war al-Andalus der Ort, wo die Essenz des arabischen Denkens an das christliche Europa weitergegeben wurde, zunächst auf lateinisch, später dann auch auf spanisch. Gehen wir zunächst auf die Entwicklung der Wissenschaften ein.

Das Verhältnis der Offenbarungsreligionen zur Wissenschaft ist immer problematisch. Dies ist im Islam nicht anders als im Christentum und im Judentum. Alles hängt von der Auslegung ab, und natürlich kann ein frommer Muslim argumentieren, im Koran sei alles Wissenswerte enthalten, so daß es menschlicher Anstrengungen zur Vermehrung des Wissens nicht mehr bedarf.

Aber es gibt auch einen Ausspruch des Propheten, der lautet: «Suchet das Wissen, und sei es in China!» An diese Maxime haben sich die Denker der islamischen Welt gehalten und das Wissen von überall her zusammengetragen und weiterentwickelt.

Dies wird besonders deutlich in der *Mathematik*. Die bei uns so genannten arabischen Zahlen stammen in Wahrheit aus Indien. Mit Hilfe dieses Systems wurde es erstmals möglich, Rechenoperationen einfach und schnell durchzuführen. Die Weiterentwicklung nicht nur der Mathematik, sondern auch des Rechnens im Alltagsleben wäre ohne die Übernahme dieser revolutionären Neuerung nicht möglich gewesen. Wer jemals versucht hat, mit römischen Zahlen eine einfache Addition durchzuführen, wird ermessen, was die Einführung des indisch-arabischen Ziffernsystems für die Entwicklung nicht nur der Arithmetik, sondern des mathematisch-naturwissenschaftlichen Denkens insgesamt bedeutet hat. «Ziffern» heißen sie übrigens nach dem arabischen *sifr*, «Leere, Nichts», denn das Einzigartige an diesem System ist es ja, daß die Null etwas bedeutet, daß das Nichts ein Etwas ist; auch die europäischen Bezeichnungen für «Null» (*zero*, *cero* u. a.) gehen auf dieses arabische Wort zurück.

Über al-Andalus gelangte dieses System nach Europa. Die indisch-arabischen Zahlen wurden in Europa erstmals in einem spanischen Manuskript aus dem Jahre 976 erwähnt, es dauerte aber noch Jahrhunderte, ehe sie sich auf breiter Front durchsetzten. Auf arabisch wurden die indischen Zahlen erstmals von al-Khârizmî beschrieben und verwendet; dieser Mathematiker aus Khârizm (auch Khwarezm, an der Grenze zwischen Uzbekistan und Turkmenistan) wirkte in der ersten Hälfte des 9. Jahrhunderts im «Haus der Weisheit» in Bagdad. Sein Buch über Arithmetik und Algebra hat das Wort *djabr* im Titel; das bedeutet eigentlich «Einrenkung (eines ausgerenkten Gliedes)» und bezieht sich auf das System von Gleichungen, das al-Khârizmî entwickelt hat. Von da stammt der paneuropäische Terminus «Algebra»; aus dem Namen des Autors ist, durch Vermischung mit dem griechischen *arithmos*, «Zahl», der Ausdruck «Algorithmus» entstanden. Das Werk von al-Khârizmî wurde von

Die Wissenschaften

Robert von Chester sowie von Gerhard von Cremona (s. o. S. 76) in Toledo ins Lateinische übersetzt und fand von da den Weg nach Europa. Übrigens ist auch die Verwendung des Buchstabens *x* für die Unbekannte in Gleichungen auf spanische Vermittlung arabischer Wissenschaft zurückzuführen: Im Arabischen verwendete man das Kürzel *sh* für *shay*, «Sache»; im Altspanischen wurde dieser Laut mit einem *x* wiedergegeben, und so kam diese algebraische Notation nach Europa.

Die Geometrie stammt im wesentlichen aus Griechenland. Die «Elemente» des Euklid wurden mehrfach ins Arabische übersetzt, ausführlich kommentiert und in vielfacher Hinsicht weiterentwickelt. Das griechische Grundwerk ebenso wie Arbeiten arabischer Kommentatoren wurden dann in Spanien aus dem Arabischen ins Lateinische übersetzt und so in Europa zugänglich gemacht.

Die Trigonometrie, deren Ansätze von den Griechen stammen, ist von indischen Mathematikern durch die Entdeckung der Sinus-Funktion entscheidend weiterentwickelt worden. Dementsprechend ist auch die Terminologie dieser Disziplin großenteils indischen Ursprungs. Ein interessantes Beispiel dafür ist der Begriff «Sinus» selbst. Im Sanskrit hat man dafür einen Terminus aus dem Wortfeld des Bogenschießens verwendet, nämlich *jyâ*, die «Bogensehne». In einigen arabischen Versionen wurde dieser Begriff nicht übersetzt, sondern mit arabischen Buchstaben wiedergegeben. Dieser Schriftzug kann leicht mit dem Wort *djayb* verwechselt werden, das «Busen» bedeutet. Die Übersetzer von Toledo haben dieses Wort dann auf lateinisch mit *sinus* wiedergegeben. So hat sich auf dem Weg von Indien über Bagdad bis Toledo die «Bogensehne» in den «Busen» verwandelt. Einige weitere trigonometrische Funktionen, wie der Tangens, sind eine Erfindung der arabischen Mathematiker. Die Trigonometrie ist in Spanien vor allem als Grundlage astronomischer Berechnungen wichtig geworden.

Die *Astronomie* stand in al-Andalus in hoher Blüte. Ihre Grundlagen wurden aus dem Orient übernommen, der seinerseits auf der Astronomie der Griechen aufbaute, insbesondere dem *Al-*

Altspanische Übersetzung einer arabischen astronomischen Schrift: *Los Canones de Albatteni* (Manuskript Paris Arsenal 8322)

magest des Ptolemäus. In Spanien wurde die Astronomie aber auch weiterentwickelt, insbesondere bei der Erstellung astronomischer Tafeln und der Entwicklung astronomischer Geräte.

In dem wahrscheinlich 961 entstandenen «Kalender von Córdoba» werden die Feste christlicher Heiliger ebenso dargestellt wie die zeitliche Abfolge der Feldarbeiten. Die astronomischen Berechnungen basieren auf den indo-griechischen Traditionen, die in al-Andalus bekannt waren. Dieser Kalender war das Gemeinschaftswerk des arabischen Arztes und Historikers ʿArîb ibn Saʿîd und des mozarabischen Erzbischofs Recemund; er ist ein einzigartiges Dokument des Zusammenwirkens von Muslimen und Christen im Kalifat von Córdoba.

Der erste bedeutende Astronom des Maurischen Spanien war Maslama al-Madjrîtî; wie sein Name sagt, stammte er aus Madrid, das damals noch ein unbedeutendes Städtchen war; er

Die Wissenschaften

Arabisches Original
im maghrebinischen
Duktus des «Buches
vom ebenen Astrolab»
(El libro de la Açafeha)
von Azarquiel (Manuskript Escorial 962)

wirkte aber in Córdoba, wo er 1007 starb. Maslama adaptierte die Sterntafeln des al-Khârizmî an den Meridian von Córdoba, verfeinerte das Astrolabium und schrieb Werke zur Arithmetik. Sein Buch über das Planisphärium des Ptolemäus wurde von Hermann von Dalmatien im Jahre 1143 in Toledo ins Lateinische übersetzt; es galt als so nützlich, daß es noch 1536 in Basel und 1558 in Venedig als Buch gedruckt wurde. Der größte Astronom von al-Andalus war al-Zarqâlî (Azarquiel) aus Toledo, der nach der christlichen Eroberung seiner Heimatstadt (1085) nach Córdoba emigrierte, wo er 1100 starb. Er entwickelte eine Wasseruhr zur Anzeige von Stunden und Tagen des Mondkalenders sowie ein «ebenes» Astrolabium (*safîha*, spanisch *açafeha*), das unabhängig von der geographischen Breite universal verwendbar war und so eine Schwäche traditioneller Astrolabien überwand. Seine Werke wurden unter Alfonso el Sabio ins Spanische übersetzt und beeinflußten die Entwicklung astronomischer Geräte in Europa.

Die Astronomie stand oft im Dienste der *Astrologie*; viele Herrscher suchten Rat für ihre Entscheidungen bei den Sternen, arabische Kalifen ebenso wie christliche Könige. Einerseits trug dieses astrologische Interesse viel zur Entwicklung der Astronomie als Wissenschaft bei. Andererseits verdammten andalusische Aufklärer wie Ibn Hazm und Ibn Khaldûn die Astrologie als unwürdigen Aberglauben. Wie dem auch sei, das Hauptwerk der arabischen Astrologie, nämlich das «Vorzügliche Buch über die Richtsprüche der Sterne» des aus Kairouan stammenden Astrologen Ibn Abî l-Ridjâl (erste Hälfte 11. Jahrhundert), wurde unter Alfonso el Sabio 1254 ins Spanische und von da ins Lateinische, Hebräische, Portugiesische, Französische und Englische übersetzt. Solche astrologischen Texte haben wenig wissenschaftlichen Wert, aber sie enthalten eine äußerst differenzierte Typenlehre des Menschen, die durchaus als Psychologie *avant la lettre* zu würdigen ist.

Zu den empirischen Naturwissenschaften gehörte auch die *Biologie*. Erst vor kurzem wurde in einer Madrider Handschrift eine Übersetzung der Zoologie des Aristoteles entdeckt, die aus dem Skriptorium von Alfonso el Sabio stammt. Besonders interessant an dieser Version ist, daß die einzelnen Kapitel offensichtlich teilweise direkt aus dem Arabischen, teilweise aus einer früheren lateinischen Version übersetzt wurden. Hier finden wir erstmals in einer europäischen Volkssprache die Differenzierung von biologischer Gattung, Art und Varietät und damit den Versuch einer Klassifikation der Tierwelt.

Erwähnt seien in diesem Zusammenhang auch zwei einflußreiche Werke zur *Agronomie*. Ibn Bassâl und Ibn al-ʿAwwâm waren die ersten Autoren überhaupt, die wissenschaftlich fundierte Abhandlungen zur Landwirtschaft in arabischer Sprache verfaßt haben; al-Andalus hatte auf diesem Gebiet eine Vorreiterrolle. Verschiedene Bodentypen und Bewässerungssysteme sowie Methoden zum Veredeln von Pflanzen werden mit wissenschaftlicher Gründlichkeit dargestellt. Ibn Bassâl emigrierte

1085 aus seiner Heimatstadt Toledo nach Sevilla und legte dort für König al-Mu'tamid den ersten botanischen Garten in Europa an. Alfonso el Sabio ließ sein Werk ins Spanische übersetzen. Ibn al-'Awwâm lebte um 1200 in Sevilla. Sein Werk zur Agronomie wurde ein Klassiker mit Langzeitwirkung: Es wurde 1802 ins Spanische, 1864–67 ins Französische und schließlich sogar ins Urdu übersetzt, nicht aus philologisch-historischem, sondern aus praktischem Interesse, zur Entwicklung der Landwirtschaft u. a. im kolonisierten Algerien.

Die *Geographie* stand in der islamischen Welt in hoher Blüte. Die Araber sind als Nomaden an die Überwindung weiter Distanzen gewöhnt. Zu den «fünf Säulen» des Islam gehört es, einmal im Leben die Pilgerfahrt nach Mekka zu unternehmen, und diese Reise führt notwendig zur Erweiterung des Blickfeldes. So gab es neben astronomisch-naturwissenschaftlich ausgerichteten Beschreibungen der Klima-Zonen in der Welt, die meist auf griechischen Vorbildern basierten, auch persönliche Berichte von Reisenden, Pilgern und Abenteurern. Für uns Heutige sind diese Reiseberichte nicht nur wertvolle historische Dokumente, sondern auch eine kurzweilige Lektüre. Der arabische Sammelbegriff für diese Art von Literatur ist *rihla*, «Reise». Es ist bemerkenswert, daß die beiden bedeutendsten Autoren solcher Reiseberichte aus dem Maurischen Spanien stammen; offenbar entsprach diese persönliche Art von Reiseliteratur der andalusischen Mentalität!

Der erste dieser Autoren hat Maßstäbe für die Gattung gesetzt: Ibn Djubayr, 1145 in Valencia als Sproß einer altarabischen Familie geboren, trat in die Dienste des Gouverneurs von Granada. Dieser zwang ihn einmal aus Willkür dazu, öffentlich Wein zu trinken; zur Buße für diesen Sündenfall machte sich Ibn Djubayr 1183 auf die Pilgerfahrt nach Mekka. Er besuchte Sardinien, Sizilien, Kreta und Ägypten; nach einem längeren Aufenthalt in der heiligen Stadt kehrte er zwei Jahre später über den Irak und Syrien nach Spanien zurück. Nach einer weiteren Reise starb er 1217 in seiner valenzianischen Heimat. Seine Schilderungen sind lebendig und direkt, sei es, daß er königliche

Paläste, Moscheen und Landschaften oder die Widrigkeiten der Seefahrt beschreibt. Von besonderem Interesse ist seine Beschreibung des fränkischen Kreuzfahrerstaates, dem er als gläubiger Muslim die Zerstörung an den Hals wünscht.

Der zweite Autor ist so etwas wie der Marco Polo der Araber: Ibn Battûta. Er war berberischer Herkunft und wurde 1304 in Tanger geboren, doch seine Familie war eher diesseits der Meerenge zu Hause, sein Cousin war Kadi in Ronda. 1325 brach er zu seiner ersten Reise auf, die 24 Jahre dauern und ihn 12000 Kilometer weit in die gesamte damals bekannte Welt führen sollte. Nach dem obligatorischen Aufenthalt in Mekka reiste er durch den Vorderen Orient, Nord- und Ostafrika, Anatolien, Südrußland, Zentralasien sowie Indien, wo er acht Jahre verweilte. Er besuchte Ceylon, Sumatra, Bengalen, China; auf den Malediven wirkte er zwei Jahre als Kadi. Kaum nach Fes zurückgekehrt brach er nach al-Andalus auf und besuchte Gibraltar, Málaga und Granada. Schließlich bereiste er noch das Königreich Mali im Herzen von Afrika. 1356 war sein Bericht vollendet; unter dem Titel: «Geschenk für die Betrachter der Denkwürdigkeiten von Städten und der Wunder von Reisen» hat ein aus Granada stammender Sekretär des merinidischen Sultans seine Erlebnisse gemäß dem Diktat von Ibn Battûta niedergeschrieben. Nach 1368 verliert sich seine Spur. Ibn Battûta war zwar ein frommer Muslim, aber auch ein Epikuräer, der sich auf Reisen an weiblicher Schönheit erfreute, ungezählte Frauen in vielen Ländern heiratete und sich beim Goutieren exotischer Kulinaria als Genießer erwies. Seine Neugier war unersättlich; gleich ob uzbekische Melone, anatolischer Teppich oder chinesisches Porzellan, immer fragte er nach dem Preis und rechnete ihn in seine heimische Währung um. Der außergewöhnlich lebendige und farbenprächtige Reisebericht von Ibn Battûta ist einzig in seiner Art; dies ist eines der faszinierendsten Werke, die uns aus dem Maurischen Spanien überliefert sind.

Schließen wir diese Darstellung mit dem Begründer einer neuen Wissenschaft, dem Universalgelehrten Ibn Khaldûn. Dieser berühmteste aller Historiker und Geschichtsphilosophen der islamischen Zivilisation wurde 1332 in Tunis geboren, hatte aber andalusische Wurzeln. Er entstammte einer altarabischen Familie, die seit dem 8. Jahrhundert in Sevilla gelebt hatte und kurz vor der christlichen Eroberung 1248 über Ceuta nach Tunis emigriert war. In seiner Jugend führte er ein bewegtes Leben an verschiedenen Fürstenhöfen in Nordafrika und in al-Andalus; wegen der ständig wechselnden Machtkonstellationen geriet er immer wieder in Lebensgefahr und verbrachte auch einige Zeit im Kerker. 1348 erlebte er in Tunis die Schwarze Pest, die hier wie in Europa wütete und einen großen Teil seiner Familie dahinraffte. Immer wieder zog es ihn nach al-Andalus. Von 1362 bis 1365 lebte er im nasridischen Granada, wo er er freundschaftliche Beziehungen zu Sultan Muhammad V. und seinem berühmten Wesir Ibn al-Khatîb anknüpfte; in Sevilla suchte er die Wohnstätte seiner Vorfahren auf. Muhammad V. betraute ihn 1363 mit Friedensverhandlungen mit dem kastilischen König. Wegen politischer Intrigen mußte er sich jedoch nach Afrika zurückziehen. Zehn Jahre später versuchte er erneut, in der Heimat seiner Vorfahren Fuß zu fassen, um dort in Frieden das große Werk schreiben zu können, das er bereits konzipiert hatte, doch mußte er aufgrund von Palastintrigen 1375 al-Andalus für immer verlassen. Die ersehnte Abgeschiedenheit fand er in einer Burg bei Oran. Dort schrieb er in dreieinhalb Jahren sein Hauptwerk nieder; in seiner Autobiographie schildert er diesen Vorgang so: «Worte und Gedanken ergossen sich über meinen Geist wie Sturzbäche; dort wurden sie geschüttelt, bis ich ihre Essenz extrahiert und ihre Früchte ausgearbeitet hatte.» Später lebte er im Orient; er lehrte an der al-Azhar-Universität in Kairo, wirkte als Kadi und führte diplomatische Verhandlungen mit dem mongolischen Eroberer Tamerlan in Damaskus. 1406 starb er in Kairo.

Ibn Khaldûns Hauptwerk ist seine «Einleitung» zur Weltgeschichte, die berühmte *Muqaddima* («Vorwort»). Hier entwickelt er eine neue Wissenschaft, die er «das Wissen von der menschlichen Zivilisation» nennt. Dies ist der erste Versuch, die Gesetzmäßigkeiten der Weltgeschichte universal und rational zu erfassen. Ibn Khaldûn entwirft ein zyklisches Bild vom Aufstieg und Untergang der Kulturen, das den englischen Universalhistoriker Arnold Toynbee dazu veranlaßt hat, ihn als den bedeutendsten Geschichtsphilosophen der Menschheit zu bezeichnen. Das Werden und Vergehen von Reichen hat präzise ökologische und soziologische Gründe; es ist abhängig von den natürlichen Umweltbedingungen und vom Zusammenhalt der jeweiligen Gruppen. Aufgrund seiner Erfahrungen und Kenntnisse der islamischen Geschichte sieht Ibn Khaldûn den Gegensatz zwischen dem nomadischen «Beduinentum» und dem seßhaften «Städtertum» als wichtigste Triebfeder der historischen Entwicklung. Der zentrale Begriff in seiner soziologischen Theorie ist die *'asabiyya*, also der «Zusammenhalt», die «soziale Bindung» in einer Gruppe; man hat das Wort auch als «Gemeinsinn» oder, in Anlehnung an Montesquieu, als «esprit de corps» übersetzt. In der islamischen Welt haben sich nie «Nationen» gebildet, wie wir sie aus dem neuzeitlichen Europa kennen, vielmehr nur Staatsgebilde, die auf einer persönlichen Loyalität basieren, wie sie letztlich aus dem nomadischen Leben der alten Araber stammt; in der Wüste zählt nur die Stammeszugehörigkeit. In der moderneren, städtischen Zivilisation ist die bloße Blutsverwandtschaft durch vielfältige andere Bindungen überlagert worden, aber als soziales Band bleibt die *'asabiyya* für die Kohäsion jedes staatlichen Gebildes unverzichtbar.

Ibn Khaldûn hatte in der islamischen Welt keine Nachfolger, die von al-Andalus ausgehende aufklärerische Denkweise hatte keine Zukunft. In jüngster Zeit wurde Ibn Khaldûns *'asabiyya* jedoch im Westen reaktualisiert und intensiv diskutiert. Der deutsch-syrische Politologe Bassam Tibi nahm diesen Begriff als Vorbild für das von ihm geprägte Konzept der «Leitkultur»; er postuliert für die heute in Europa lebenden Muslime eine «euroislamische *'asabiyya*». Geschichtsphilosophie und Gesellschaftstheorie des großen Andalusiers sind bis heute aktuell.

Philosophie und Theologie

Das Maurische Spanien hat einige der bedeutendsten Denker des Mittelalters hervorgebracht. An der Entfaltung der Philosophie in al-Andalus waren Juden nicht minder beteiligt als Muslime. Beide gehörten derselben Kultur an, bewegten sich in denselben Denkmustern und gebrauchten dieselbe Sprache, nämlich das Arabische. Die andalusische Geistesblüte ist im Miteinander gewachsen, nicht im Gegeneinander. Im Islam wie im Judentum waren andalusische Denker Aufklärer im besten Sinne des Wortes. Die große Frage, welche die Menschen umtrieb, war das Verhältnis von Vernunft und Offenbarung: Wie läßt sich die von der griechischen Philosophie inspirierte Freiheit des rationalen Denkens mit einer Religion vereinbaren, die auf einem nicht hinterfragbaren Buch basiert, sei es Bibel, sei es Koran? Angeregt von den toledanischen Übersetzungen griechischer und arabischer Philosophen ins Lateinische wurde diese Frage dann später auch im Christentum virulent, sie bestimmte die theologisch-philosophische Diskussion des 13. Jahrhunderts, besonders an der Pariser Sorbonne. Die Frage ist nicht rein akademisch, sie hat auch eine praktische Seite. Eine Religion ist die Lebensbehausung für die gesamte Gemeinschaft; in jeder Gemeinschaft gibt es eine Minderheit kritischer, aufgeklärter Geister und die breite Masse der Menschen mit geringeren Geistesgaben. Wie lassen sich die Bedürfnisse dieser so unterschiedlichen Menschentypen vereinen? In ihrem Ringen um diese Fragen gerieten die andalusischen Denker immer wieder mit den Hütern der jeweiligen Orthodoxie in Konflikt. In der großen Auseinandersetzung zwischen Vernunft und Offenbarung stand al-Andalus an vorderster Front.

Der jüdische Dichter und Denker *Shelomo Ibn Gabirol* ist eine singuläre Erscheinung. Als Dichter kann er hier nicht gewürdigt werden, wir beschränken uns auf seine Philosophie. Ibn Gabirols Leben war kurz. Geboren wurde er um 1020 in Málaga, wo seine aus Córdoba stammende Familie vor den Wirren der *fitna* Zuflucht gefunden hatte. Seine Jugend verbrachte er in Zaragoza, aber er überwarf sich mit der dortigen Gemeinde und lebte eine Weile in Granada. Um 1057 verliert sich seine Spur in Valencia. Wie seine Zeitgenossen dichtete Ibn Gabirol auf hebräisch, verfaßte aber seine philosophische Prosa in arabischer Sprache.

Sein Hauptwerk trägt den Titel «Die Quelle des Lebens». Das arabische Original ist nur fragmentarisch erhalten; europaweit verbreitet wurde das Werk in der lateinischen Übersetzung, die Dominicus Gundisalvus in Zusammenarbeit mit Avendaut (s. o. S. 76) 1150 in Toledo unter dem Titel *Fons vitae* und dem Autornamen «Avicebron» angefertigt hat. Dieser Avicebron hat die christliche Scholastik tief geprägt. Da in dem Werk jeglicher Anklang an das Judentum fehlt, konnte man den Autor leicht für einen Christen halten. Guillaume d'Auvergne bezeichnete ihn als «edelsten aller christlichen Philosophen», und noch Jahrhunderte später wurde er von Giordano Bruno als Geistesverwandter glühend verehrt. Erst Mitte des 19. Jahrhunderts entdeckte der deutsche Jude Munk in der Nationalbibliothek von Paris eine hebräische Übersetzung dieses Werkes und konnte so zweifelsfrei die Identität von «Avicebron» alias Ibn Gabirol nachweisen, der in der jüdischen Welt zwar als Philosoph vergessen war, als Dichter aber eine große, niemals unterbrochene Verehrung genoß, da seine Werke in der Liturgie präsent waren.

Ibn Gabirol war eine Richtmarke in den großen philosophischen Debatten im Europa des 13. Jahrhunderts. Er stand für die neo-platonische Position, die von Franziskanern wie Bonaventura, der Schule von Chartres und Duns Scotus vertreten wurde. Thomas von Aquin und Albertus Magnus hingegen wandten sich als Aristoteliker gegen einige Punkte in der Lehre von Avicebron. Man hat Ibn Gabirol auch den «jüdischen Platon» genannt, da er als erster mittelalterlicher Philosoph versucht hat, die platonische Philosophie mit der jüdischen Offenbarungsreligion in Einklang zu bringen. Die «Quelle des Lebens» ist die Materie, die er als allumfassend betrachtet und die das Substrat alles Seienden bildet. Nicht nur körperliche, sondern auch geistige Wesen verdanken ihre Existenz dem Zusammenwirken von Form und Substanz. Zwischen der geistigen und der animalischen Seele gibt es zwar Abstufungen, aber sie haben beide die gleiche materielle Natur. Dieser Gedanke der Universalität der Materie wurde von den christlichen Aristotelikern nicht anerkannt.

Nicht hinreichend beachtet ist die grundsätzliche epistemologische Skepsis, die in seinem Werk formuliert wird. Ibn Gabirol war von der Suche nach Erkenntnis geradezu besessen; er hat dem unstillbaren Durst nach Erkenntnis in seinen Gedichten dramatischen Ausdruck gegeben. In seinem philosophischen Werk formuliert er die Desillusionierung des Menschen angesichts der Unerkennbarkeit dessen, was die Welt im Innersten zusammenhält, nicht minder schonungslos:

Warum ist die Erkenntnis des Wesens unmöglich? Weil es über allen Dingen ist und unendlich ist. Es ist dem Verstand nicht gemäß und hat keinerlei Entsprechung mit ihm, denn es hat keine Verbindung mit den materiellen Körpern. Die Erkenntnis erfordert, daß der Erkennende das zu Erkennende erfaßt, aber die Erfassung des Unendlichen ist unmöglich. (Übersetzung GB, nach dem arabischen Original)

Mit seiner Skepsis gegenüber der menschlichen Erkenntnisfähigkeit sind wir ganz in der Nähe des platonischen Höhlengleichnisses.

Ibn Gabirol war ein einsamer Denker, dessen alleiniges Streben auf Erkenntnis gerichtet war. Auf die einfachen Glaubensgenossen in seiner Gemeinde in Zaragoza schaute er mit Verachtung herab, er versuchte nicht einmal, seine hochfliegenden Spekulationen ihren Bedürfnissen und Fähigkeiten anzupassen; dementsprechend wurde er so sehr angefeindet, daß er Zaragoza verlassen mußte. Für Ibn Gabirol zählten nur die unabhängigen Geister, die zu eigener Erkenntnis Gottes fähig sind. Dieser Gott trägt keinerlei jüdische Züge, es ist ein Gott, wie er allen Menschen, gleich welcher Religion, zugänglich ist.

Einer der Großen der andalusisch-arabischen Philosophie war *Ibn Bâddja*, dessen Name im Mittellateinischen als *Avempace* erscheint. Möglicherweise hatte er jüdische Vorfahren. Von Ibn Khaldûn wird er zu den vier größten Philosophen der islamischen Welt gerechnet. Ibn Bâddja, Ende des 11. Jahrhunderts in Zaragoza geboren, war unter den Almoraviden mehrfach Minister, so in Valencia, Granada und Sevilla. Gestorben ist er 1139 in Fes, angeblich durch eine Frucht, die von Gegnern vergiftet war – als freier Geist hatte er sich die Feindschaft vieler

Zeitgenossen zugezogen. Er war auch ein begabter Dichter und Musiker.

Sein Hauptwerk trägt den Titel «Die Führung des Einsamen», auf Arabisch *tadbîr al-mutawahhid*. Der Ausdruck *al-mutawahhid* ist bemerkenswert. Zu derselben Zeit, als Ibn Bâddja sein Werk verfaßte, formierte sich in Nordafrika die Bewegung der Almohaden. Deren Name kommt, wie wir gesehen haben (s. o. S. 47), von *muwahhid*, «jemand, der [Gott] zu Einem macht», was soviel wie «Bekenner der Einheit Gottes» meint; die Form *mutawahhid* kann man auch mit «jemand, der sich selbst zu Einem [= einsam] macht» übersetzen. Der kollektiven Bindung an das islamische Glaubensbekenntnis in einer Gruppe asketischer Glaubenskämpfer stellt Ibn Bâddja die selbstgewählte Einsamkeit des unabhängigen, seinen Verstand frei gebrauchenden Philosophen entgegen. In Anlehnung an al-Fârâbî (und letztlich Platon) unterscheidet Ibn Bâddja die vollkommene von der unvollkommenen Stadt: In der ersten leben nur Philosophen, sie ist aber eine Utopie; in der zweiten sind freie Geister so etwas wie «exotische Pflanzen», sie sind als «Fremdlinge» zu einem einsamen, ganz auf sich gestellten Leben gezwungen. Ziel allen Strebens ist die Erlangung der höchsten Weisheit, bestehend in der Vereinigung der individuellen Vernunft des einzelnen mit der allumfassenden Vernunft Gottes. Wenn der Geist des Menschen im Geist des Ersten Bewegers aller Dinge aufgeht, erreicht er die absolute Glückseligkeit. Dazu sind nur die «Fremdlinge» imstande, die «Einsamen», die sich von der Masse der Menschen fernhalten. Für Ibn Bâddja führt der Weg zu diesem Ziel über philosophische Betrachtung und Abstraktion, es geht um einen Denkprozeß, der über die Stufenleiter des Seienden vom grob Materiellen zum höchsten Prinzip des Universums aufsteigt. Damit steht er im Gegensatz zum Weg der Sufis, der auf Kontemplation und Askese beruht und Erleuchtung in einem Zustand der Ekstase sucht; dementsprechend polemisiert er gegen al-Ghazâlî (s. o. S. 46 und u. S. 95, 98), dem er vorwirft, die Vernunft zugunsten eines trügerischen und vergänglichen Glücksgefühls aufgegeben zu haben.

Philosophie und Theologie

Dem Thema des einsamen Philosophen hat *Ibn Tufayl* unvergänglichen Ausdruck verliehen, er ist der Autor eines der faszinierendsten philosophischen Romane der Weltliteratur. Ibn Tufayl kam 1106 in Guádix (arabisch Wâdî Âsh, östlich von Granada am Nordhang der Sierra Nevada) als Sproß einer altarabischen Familie zur Welt. Ibn Bâddja ist er nie persönlich begegnet, war aber mit seinem Werk vertraut. Er studierte Medizin und stand als Arzt, Sekretär und Minister im Dienste mehrerer Almohaden-Sultane, zunächst in Granada, dann in Ceuta, Tanger und schließlich in Marrakesch, wo er mit Yûsuf I. als dessen Hofarzt vertrauten Umgang pflegte und lange philosophische Gespräche führte. Für die Ausbildung und das Weiterkommen des jungen Ibn Rushd war er direkt verantwortlich, 1182 übergab er ihm sein Amt. Er starb 1185 in Marrakesch. Von seinen Werken ist nur sein philosophischer Roman erhalten, aber es ist überliefert, daß er auch Autor eines (leider verlorenen) astronomischen Traktates war, in dem die ptolemäische Theorie der Planetenbewegung widerlegt und durch eine einheitliche neue – heliozentrische? – Theorie ersetzt wird.

Sein Werk trägt den – Ibn Sînâ entlehnten – Titel *Hayy ibn Yaqzân*, «der Lebende, Sohn des Erwachten». Die Titelgestalt wird auf einer einsamen Insel am Äquator in die Welt geworfen, wobei der Autor offen läßt, wie dies geschah, durch Urzeugung oder ausgesetzt in einem Körbchen wie einst Moses auf dem Nil. Fernab von den Menschen wird er von einer Gazelle aufgezogen. Nach und nach erkundet er seine Umwelt und sammelt Erfahrungen, bis hin zum Tode seiner Nährmutter, der Gazelle, die er aufschneidet, um nach ihrer entflohenen Seele zu suchen. Allein durch Nachdenken gelangt er allmählich zu immer umfassenderem, immer höherem Wissen, bis er schließlich die Erkenntnis Gottes erlangt, den er in mystischer Kontemplation erschaut. Zu dieser Erkenntnis ist, so die zentrale Aussage des Romans, keine formale Religion und keine Ausbildung erforderlich; der Mensch ist dazu von Natur aus in der Lage, wenn er sein Wesen ungetrübt von äußeren Einflüssen frei entfalten kann.

Ganz am Ende dieser langen Schilderung der einsamen Reise zu Gott kommt Hayy ibn Yaqzân schließlich mit der Welt der

Menschen in Berührung. Auf einer benachbarten Insel herrscht eine prophetische Offenbarungsreligion (Ibn Tufayl vermeidet es bewußt, den Islam beim Namen zu nennen). Dort leben zwei junge Männer, welche zwei Formen der Religion verkörpern: Salâmân, der Welt zugewandt und die Gebote der Religion äußerlich streng beachtend, und A(b)sâl, der die Kontemplation bevorzugt und die Aussagen des Propheten rein allegorisch versteht. Absâl beschließt, seine Meditationen auf der Nachbarinsel fern der Welt fortzusetzen, und läßt sich dort aussetzen. Die erste Begegnung zwischen Absâl und Hayy ibn Yaqzân, vergleichbar Robinson Crusoes Begegnung mit Freitag, wird von Ibn Tufayl mit herrlicher Ironie geschildert. Bald gewöhnen sich die beiden aneinander, Absâl bringt Hayy das Sprechen bei und erfährt so mit größtem Erstaunen, daß dieser ganz aus sich heraus zur Erkenntnis der höchsten Wahrheit gelangt ist. Hayy seinerseits wundert sich über die Äußerlichkeiten der formalen Religionsausübung; seiner Auffassung nach «waren alle Menschen gut und intelligent, er wußte noch nicht, wie töricht und böse sie waren». Die beiden beschließen, zu den Menschen zurückzukehren und sie zu unterweisen. Ein zufällig vorbeifahrendes Schiff bringt sie zu Absâls Heimatinsel. Hayy beginnt den Menschen seine Weisheitslehren zu verkünden, doch sie weisen ihn zurück, verachten und hassen ihn, verstrickt in ihre materiellen Begierden. Da erkennt Hayy, daß für die Masse der Menschen die äußerliche Religionsausübung, wie sie Salâmân propagiert, der einzig gangbare Weg ist, und er verzichtet darauf, ihnen die «himmlischen Freuden der Eingeweihten» zu predigen. Absâl und Hayy kehren auf ihre einsame Insel zurück, wo sie sich bis zu ihrem Tode ungestört der Kontemplation hingeben.

Ibn Tufayl folgt Ibn Bâddja in einem Punkt: Der höhere Mensch gelangt allein durch den Gebrauch seiner Geistesgaben zur Erkenntnis der Wahrheit, er bleibt einsam in der Masse, welche die Äußerlichkeiten der formalen Religion benötigt. Ibn Tufayls Ideal der «Insularität» korrespondiert mit Ibn Bâddjas Konzept des *mutawahhid*, desjenigen, der «sich selbst einsam macht». Andererseits vertritt er gegenüber Ibn Bâddja eine andere Auffassung bezüglich der mystischen Ekstase. Diese ist für ihn das Ziel der Existenz, der kontemplative Weg der Sufis ist dem logisch-diskursiven Zugriff der Philosophen überlegen. Erst in der mystischen Schau Gottes kommt der Mensch zum Ziel. Ibn Tufayl sagt, daß er «orientalische Geheimlehren» vertrete und in dieser Erzählung verschleiert, nur dem Eingeweihten zugänglich darstelle. Damit bezieht er sich auf al-Ghazâlî, den er, im Unterschied zu Ibn Bâddja, positiv sieht. Ibn Tufayl versucht aber immer noch, zwischen rationalistischer Abstraktion und mystischer Ekstase eine Brücke zu schlagen. In der Folge treten diese beiden Positionen dann in den Gestalten des Aristotelikers Ibn Rushd einerseits, des Mystikers Ibn al-ʿArabî andererseits definitiv auseinander.

Ibn Tufayls Roman wurde schon früh in Europa bekannt: 1671 publizierte Edward Pococke in Oxford den arabischen Originaltext zusammen mit einer lateinischen Version unter dem Titel *Philosophus autodidactus*. Es folgten zahlreiche Übersetzungen in europäische Sprachen. Das Buch war unter den Aufklärern des 18. Jahrhunderts weithin bekannt; es wurde von Spinoza, Leibniz und Lessing hochgeschätzt. Daniel Defoes *Robinson Crusoe* erschien 1719; es ist anzunehmen, daß Defoe von Ibn Tufayls *Philosophus autodidactus* zu der Konzeption seines Romans angeregt wurde.

Ibn Rushd, in Europa besser unter seinem latinisierten Namen *Averroes* bekannt, gilt vielen als der größte aller arabischen Philosophen. In ihm gelangte der islamische Aristotelismus, die Wiederbelebung der griechischen Rationalität, zu ihrem Höhepunkt und zugleich zum Abschluß.

Ibn Rushd wurde 1126 als Sproß einer Familie malekitischer Rechtsgelehrter in Córdoba geboren. Er studierte Recht, Theologie, Medizin, Naturwissenschaft. 1168 wurde er an den Almohaden-Hof in Marrakesch gerufen; dort stellte Ibn Tufayl ihn dem Sultan vor und pries seine Verdienste. Er wurde mit dem Amt des Kadis von Sevilla betraut und erhielt den Auftrag, das Gesamtwerk des Aristoteles zu kommentieren. Von 1169 bis 1195 arbeitete Ibn Rushd an den Werken, die seinen Nachruhm begründet haben: kleine, mittlere und große Kommentare zu fast allen Hauptwerken des großen Griechen. Nach dem Tod von Ibn Tufayl wurde er Leibarzt des Almohaden-Sultans Yaʿqûb ibn Yûsuf, der ihn zum Kadi von Córdoba machte und persönlichen Umgang mit ihm pflegte. Dem konservativen Establishment islamischer Rechtsgelehrter blieb jedoch dieser Kadi-Philosoph mit seinen unorthodoxen Ansichten suspekt; auf ihren Druck verbannte der Sultan Ibn Rushd in ein dreijähriges Exil nach Lucena (südlich von Córdoba). 1198 konnte er nach Marrakesch zurückkehren, wo er bald darauf starb.

Eine Würdigung dieses Philosophen ist in diesem Rahmen unmöglich. Statt dessen soll hier seine exemplarische Schrift *Fasl al-maqâl*, die «Entscheidende Abhandlung», kurz dargestellt werden. Hier geht es dezidiert um das Verhältnis von Vernunft und Offenbarung, zwischen dem islamischen «Gesetz» *(sharîʿa)* und der von den Griechen kommenden «Weisheit» *(hikma)*, oder, um die von Ibn Rushd geprägte knappe Formel zu gebrauchen, zwischen dem vom Verstand «Erdachten» und dem von der Religion «Überlieferten» *(al-maʿqûl wal-manqûl)*. Der Titel der Abhandlung erhebt den Anspruch, diese Frage ein für allemal zu klären, denn der juristische Terminus *fasl* bedeutet «höchstrichterliche, unwiderrufliche Entscheidung» – Ibn Rushd war von Beruf Richter! Sein Hauptargument lautet so: Der Koran ist Wahrheit, weil er göttliche Offenbarung ist, das philosophische Nachdenken führt zur Erkenntnis der Wahrheit, weil es die Gesetze der Logik befolgt; also ist beides wahr, einen Widerspruch zwischen beidem kann es nicht geben. «Die Wahrheit widerspricht der Wahrheit nicht, vielmehr stimmt sie mit ihr überein und legt Zeugnis ab für sie.» Auf mehrere Koran-Stellen gestützt, kann Ibn Rushd argumentieren, daß in der Tradition des orthodoxen Islam rationales Denken keineswegs verboten, sondern im Gegenteil zwingend vorgeschrieben sei und daß sich somit jemand, der die griechische Rationalität ablehnt oder bekämpft, selbst zum Ketzer oder Ungläubigen macht. Beides, Annahme der koranischen Offenbarung und eigenständiges Nachdenken, entspricht göttlichem Gebot. *Ergo* kann es zwischen beidem keinen Widerspruch geben.

Natürlich sah auch Ibn Rushd, daß es im Koran ungezählte Stellen gibt, die mit der Vernunft in Widerspruch stehen. Diese Stellen bedürfen der «Auslegung», der hermeneutischen Interpretation, wie sie nur die Vernunft leisten kann. Man muß den Sinn solcher Koranstellen allegorisch deuten, wozu allerdings die Masse der Menschen nicht in der Lage ist. Für das Wohl dieser Menschen ist es besser, sie gar nicht erst mit dem verborgenen, erst durch Interpretation erschließbaren Sinn des göttlichen Buches zu konfrontieren, sie vielmehr mit ihrem wörtlichen, äußerlichen Textverständnis leben zu lassen. Auch bei Ibn Rushd finden wir also das Motiv der Unterscheidung von höherem, zu eigenem Nachdenken fähigem Menschentum einerseits, und der ungebildeten, naiv schriftgläubigen Masse andererseits. Ibn Rushd unterwirft alles logischer Überprüfung, die menschliche Ratio ist also für ihn das Maß aller Dinge; andererseits bleibt der Anspruch der koranischen Offenbarung auf Unfehlbarkeit unhinterfragt. Konfliktfälle können durch allegorische Interpretation wegdiskutiert werden; aber er geht nie den entscheidenden, für ihn unmöglichen Schritt der völligen Unterordnung der Offenbarungsreligion unter den Primat der Vernunft. Er hat eine muslimische und – über die Übersetzungen seiner Werke ins Lateinische – eine christliche Debatte über das Verhältnis von Vernunft und Glaube angestoßen und kann als ein herausragender Vertreter der innermuslimischen Aufklärung gelten. Zu bedauern bleibt allerdings, daß er diesen Weg nicht konsequenter beschritten hat. Ebensowenig wie Maimonides im Judentum und Thomas von Aquin bei den Christen konnte sich der Muslim Ibn Rushd von den Einschränkungen befreien, welche die Annahme einer göttlichen Offenbarung der menschlichen Vernunft zwangsläufig setzt.

Noch bedauerlicher ist indessen, daß dieser Gigant der Philosophiegeschichte in seinem eigenen Kulturkreis keine Nachfolger hatte. Seine Ideen fielen im christlichen Abendland auf fruchtbaren Boden, sie haben in der Scholastik konstruktive Debatten ausgelöst; in der islamischen Zivilisation verhallten seine Worte ungehört. Was eine Saat hätte sein können, ging dort nicht auf; jahrhundertelang herrschte geistige Stagnation, wofür die Buchstabengläubigkeit gegenüber dem Koran die Hauptursache war. Ibn Rushds Idee einer allegorischen Interpretation schwieriger, mit der Vernunft unvereinbarer Koranstellen hätte schon früh zu einer Kritik des heiligen Buches führen können, wie sie im Judentum (mit Spinoza) und im Christentum (mit der Aufklärung) Jahrhunderte später zum Durchbruch kam. Doch ist die Geschichte darüber hinweggegangen.

Für das christliche Abendland war Ibn Rushd so etwas wie ein zweiter Aristoteles, oberste Autorität in allen philosophischen Fragen. Dante erwähnt ihn in seiner *Commedia* als den, «der den Kommentar verfaßt hat» – den Kommentar schlechthin. Mindestens ebenso wichtig wie als Aristoteles-Kommentator war der Denker aus Córdoba aber auch als Verfasser eigenständiger Abhandlungen, die sich innerhalb des muslimischen Kontextes bewegen, wie die «Entscheidende Abhandlung» oder seine gegen al-Ghazâlîs «Widerlegung der Philosophen» gerichtete «Widerlegung der Widerlegung», wo er die griechische Philosophie dezidiert gegen den Vorwurf in Schutz nimmt, sie würde die Menschen vom rechten islamischen Glauben abbringen. Bei alledem war Ibn Rushd ein knochentrockener Rationalist; gefühlsmäßige, erlebte Bindung an die Religion war ihm fremd, im Unterschied zu orientalischen Denkern wie Ibn Sînâ und al-Ghazâlî oder zu den Andalusiern Ibn Gabirol, Ibn Bâddja und Ibn Tufayl. Zu einer Überwindung äußerlicher Gesetzlichkeit in der Religion kam es dann auch nicht auf dem Wege der Rationalität, sondern auf dem Wege der Mystik. Dementsprechend war nicht Ibn Rushd, sondern einem anderen Denker aus al-Andalus breites Nachwirken in der islamischen Welt beschieden: dem Mystiker Ibn al-ʿArabî (s. u. S. 102).

Auch bei den Juden wurde der Aristotelismus weiterentwickelt. Der wichtigste Vertreter einer rationalen Durchdringung der Religion war *Moshe ben Maimon* (arabisch *Mûsâ ibn Maymûn*), bekannt unter seinem europäisierten Namen *Maimonides*. Er wurde 1135 als Sproß einer Familie bedeutender Rabbiner in Córdoba geboren. Dort erhielt er auch die wesentlichen Elemente seiner Bildung: Tora-Studium, arabische Philosophie und

Medizin. Unter den Almoraviden und den Almohaden hatten die Juden einen schweren Stand. 1159 floh die Familie nach Fes, in der Hoffnung, dort ihren jüdischen Glauben freier ausüben zu können. Doch wurde die Situation auch dort bald unhaltbar: Ein scheinbar zum Islam konvertierter Freund der Familie wurde wegen Krypto-Judentums hingerichtet. Die Maimons flüchteten 1165 nach Ägypten, wo sie vor Verfolgungen relativ sicher waren. Immerhin kam es zu einer Situation, in der Moshe ben Maimon vor Gericht beweisen mußte, niemals zum Islam übergetreten sein – Juden als solche wurden toleriert, Renegaten jedoch, Menschen, die vom Islam abfielen, nachdem sie ihn einmal angenommen hatten, waren des Todes schuldig (dies gilt bis heute). Um den Unterhalt der Familie zu sichern, praktizierte Maimonides in Kairo als Arzt, und zwar so erfolgreich, daß der ayyubidische Sultan Salâh al-Dîn, im Westen bekannt als Saladin, ihn zu seinem Leibarzt machte. Die ägyptische Gemeinde wählte ihn zum Führer. Maimonides hatte Glaubensintoleranz hautnah kennengelernt; aus seinem ägyptischen Refugium stand er verfolgten Glaubensgenossen in aller Welt mit theologischem Rat zur Seite. Aufgrund seiner Sendschreiben, etwa an die Juden im Jemen, stand er überall in der jüdischen Welt in höchstem Ansehen. 1204 starb er in Kairo; sein Leichnam wurde ins palästinensische Tiberias überführt.

Die Bedeutung von Maimonides für die jüdische Theologie kann hier auch nicht ansatzweise gewürdigt werden. Sein umfassender Mischna-Kommentar, seine *Mishne Tora*, «Wiederholung des Gesetzes», seine Darstellung der 613 Gebote und Verbote des jüdischen Gesetzes – all dies hat seinen unvergänglichen Ruhm in der jüdischen Welt begründet, der bis heute anhält. «Adler der Synagoge», «die starke Hand», «der zweite Moses», das sind einige der Attribute, die von seinem Ruhm Zeugnis ablegen. Er machte den Bibeltext in der bis heute geltenden Version verbindlich. Die unüberschaubare Fülle von Vorschriften, Gleichnissen und Reflexionen, wie sie in der Bibel und im nachbiblischen Schrifttum der Juden, vor allem im Talmud, angehäuft worden waren, hat er mit klarem Blick geordnet und systematisiert und praktisch für das tägliche Leben der Juden erschlossen. Hier können nur zwei Aspekte seines Werkes kurz behandelt werden: sein Versuch, den aristotelischen Rationalismus mit der jüdischen Religion in Einklang zu bringen; und sein Sprachgebrauch.

Wie die zuvor behandelten islamischen Philosophen wurde auch Maimonides von der großen Frage nach dem Verhältnis von Vernunft und Offenbarung umgetrieben. Seine Antwort auf diese Frage ist in seinem philosophischen Hauptwerk enthalten, dessen Titel im arabischen Original *Dalâlat al-hâ'irîn* lautet, die «Führung der Verwirrten». Verwirrt, verunsichert, ratlos schwankend sind die Menschen, wenn sie versuchen, die offenbarte Wahrheit der Bibel ernst zu nehmen, und dabei mit ihrer Vernunft in Widerspruch geraten. Das Buch wendet sich ausdrücklich nicht an Anfänger, auch nicht an einfache Tora-Schüler, die von Philosophie noch nie etwas gehört haben, es ist vielmehr ausdrücklich an eine geistige Elite gerichtet, an diejenigen, die beim Studium der griechischen Philosophie und der hebräischen Bibel zwischen die Fronten geraten sind und gerade wegen ihrer Bildung und ihres Reflexionsvermögens in den Zustand der *perplexitas* geraten sind (so die lateinischen Übersetzungen des Titels). Dementsprechend hebt das Werk nicht mit systematischen philosophischen Argumentationsketten an, sondern mit konkreten semantischen Analysen biblischer Begriffe. Bereits der erste Begriff, mit dem das Buch ganz unvermittelt anfängt, hat es in sich: *dĕmut*, «Ähnlichkeit». Nach Gen 1.26 schuf Gott den Menschen nach seinem «Ebenbild», wie Luther übersetzt hat. Aus dieser Formel darf man laut Maimonides keinesfalls naiv schließen, daß Gott Arme und Beine wie der Mensch habe, vielmehr ist Gott unkörperlich; umgekehrt kommt der Mensch Gott gleich insofern, als ihn das Licht des Verstandes erleuchtet. Mit seiner rationalistischen Bibelkritik befolgt Maimonides ähnliche Prinzipien, wie sie Ibn Rushd in seiner «Entscheidenden Abhandlung» bezüglich des Korans angewendet hat: Was strittig, ambivalent oder dem Wortsinne nach widersinnig ist, wird allegorisch gedeutet. Der Umgang mit dem offenbarten Wort der Propheten wird in einen sprachanalytischen Diskurs eingebettet. Die Versöhnung von Vernunft und Offenbarung wird dadurch erreicht, daß der Absolutheitsanspruch der heiligen Schriften zwar nominell anerkannt wird, ihre Inhalte jedoch einer rationalen Analyse unterworfen werden. (Man kann denselben Sachverhalt natürlich auch umgekehrt formulieren: Die heiligen Schriften werden zwar rational analysiert, ihr Absolutheitsanspruch aber wird nicht in Frage gestellt!)

Der Andalusier Maimonides dachte und formulierte primär in seiner Muttersprache, dem internationalen Wissenschaftsidiom Arabisch. Er hat dieses Arabisch mit hebräischen Lettern geschrieben, so wie dies die Juden zu allen Zeiten getan haben – Judendeutsch, Judenspanisch, Judenpersisch, alles schrieb man mit hebräischen Buchstaben. So erscheinen auch die zahllosen Bibelzitate ganz natürlich in derselben Schrift wie der philosophische Text, in den sie eingebettet sind. Auf arabisch ist nicht nur die aristotelisch geprägte «Führung der Verwirrten» abgefaßt, sondern auch die meisten seiner Werke zur jüdischen Theologie und zum jüdischen Gesetz. Nur sein großangelegtes Werk «Wiederholung der Tora» ist auf hebräisch geschrieben: Das literarisch-dichterisch neubelebte Hebräische mußte sich erst noch als Instrument des philosophischen Diskurses bewähren; Maimonides' *Mishne Tora* ist das erste Meisterwerk auf diesem Entwicklungsweg. Nach eigenem Bekunden hätte er gern mehr Werke auf hebräisch verfaßt, mußte aber bedauernd feststellen, daß ihm dort nicht so viele Register zur Verfügung standen wie im Arabischen. Seine Werke verbreiteten sich rasch europaweit, allerdings nicht auf arabisch, sondern ausschließlich in hebräischer Übersetzung. An der Wende zum 13. Jahrhundert war das Arabische dabei, seine Rolle als internationale Sprache der Wissenschaft zu verlieren; die Juden, bis dahin integriert in die Kultur von al-Andalus, verließen ihre spanische Heimat und wandten sich zugleich auch vom Arabischen ab. In der Folge entwickelte sich das Hebräische zur universalen Kultursprache der Juden in Europa, in der nicht nur lyrische Dichtung, sondern auch philosophische Prosa adäquat formuliert werden konnte.

Kaum bekannt, aber typisch für das Miteinander der drei Religionen auf der Iberischen Halbinsel ist, daß 1432 die «Führung der Verwirrten» von einem Meister Pedro aus Toledo ins Spanische übersetzt wurde. Dieser Pedro war der Sohn eines nach den Pogromen von 1391 zum Christentum konvertierten Juden; er wirkte als Leibarzt des Erzbischofs von Toledo (die Juden hatten praktisch ein Monopol auf den Arztberuf). Diese Übersetzung ist das erste Dokument philosophischer Prosa in spanischer Sprache überhaupt. Dreihundert Jahre nach der Übersetzerschule von Erzbischof Raimund und hundertfünfzig Jahre nach Alfonso el Sabio kam noch einmal ein wichtiger Impuls für Kulturvermittlung und Sprachausbau aus Toledo.

Die offenbarte Gesetzesreligion wurde von vielen Menschen als unbefriedigend empfunden, denn zum einen widersprach sie der natürlichen Vernunft, zum anderen bot sie wenig Raum für gelebte Spiritualität. In den vorangehenden Abschnitten wurde gezeigt, wie die muslimischen und die jüdischen Denker auf verschiedenen Wegen versucht haben, Religion und Vernunft zu versöhnen. Gleichzeitig entfaltete sich in al-Andalus die islamische Mystik, die als «Sufismus» bekannt ist (von *sûf*, «Wolle», denn die ersten Sufis trugen härene Bußgewänder). Statt rationaler Durchdringung der Religion suchten die Sufis Erleuchtung und Ekstase; ihr Weg war Askese und Versenkung statt Reflexion. Der Sufismus begann in al-Andalus bereits im 9. Jahrhundert, mit Ibn Masarra und der Schule von Almería. Im 12. Jahrhundert blühte die mystische Bewegung im Lande auf, zunächst im Widerstand gegen die Almoraviden, denen jede Art von Religiosität außerhalb der traditionsgebundenen Gesetzestreue suspekt war, später dann aber durchaus mit dem Wohlwollen und sogar der Förderung der Almohaden.

Al-Andalus hat in dieser Epoche einen der größten Mystiker des Islam hervorgebracht: *Ibn al-'Arabî* (im Westen wird oft die Form *Ibn 'Arabî* verwendet, um ihn von einem Rechtsgelehrten gleichen Namens zu unterscheiden). Er entstammte einer altjemenitischen Familie, die seit der islamischen Eroberung in Spanien ansässig war. 1265 wurde er in Murcia geboren, wo sein Vater in den Diensten von Ibn Mardanîsh (s. o. S. 48) stand. Nach der Eroberung der Stadt durch die Almohaden (1172) trat er in deren Dienste und zog nach Sevilla. In diesem kulturellen Zentrum erhielt der junge Ibn al-ʿArabî eine umfassende Erziehung. Mit 15 Jahren hatte er ein Erweckungserlebnis, das sein Leben völlig veränderte. Ibn Rushd, der mit seinem Vater befreundet war, wollte unbedingt den Wunderknaben kennenlernen. Als dieser ihm eine Probe seiner immensen Intuitionsgabe und seines durchdringenden Verstandes gegeben hatte, erblaßte der alte Philosoph und begann zu zittern, denn er erkannte in ihm den künftigen Meister. Ibn al-ʿArabî führte ein Wanderleben in al-Andalus und in Nordafrika, wo er bei den größten Sufi-Meistern in die Schule ging. 1201 verließ er Spanien für immer. Er lebte mehrere Jahre in Mekka, bereiste den Vorderen Orient und sammelte eine große Schülerschar um sich; die letzten Jahre verbrachte er in Damaskus, wo er 1240 starb. Bis heute wird Ibn al-ʿArabî unter dem Beinamen *al-shaykh al-akbar*, «der größte Meister», überall in der islamischen Welt verehrt; sein Grab ist Pilgerstätte für Sufis aus aller Welt. Es gab und gibt aber auch Kritik an seiner Lehre, die vielen Orthodoxen suspekt ist; noch 1979 kam es im ägyptischen Parlament zu einer Abstimmung, die zu einem Verbot seiner Werke führte.

Ibn al-ʿArabîs Prosawerke, vor allem die riesenhafte Kompilation der «Mekkanischen Eröffnungen» sowie seine «Gemmen der Weisheit», sind ein einzigartiges Kompendium des Sufitums. Die philosophische Reflexion zielt bei ihm nicht mehr, wie bei den andalusischen Aristotelikern, auf Begründungen und Beweise, sondern auf mystische Erleuchtung. Er benutzt zwar die elaborierte Terminologie der Philosophen, besteht aber darauf, daß der Mensch erst dann zur Erkenntnis der verborgenen Wahrheit der Welt gelangt, wenn er die Grenzen des analytischen Verstandes überwindet. Nur durch die Imagination kann man höhere Erkenntnis erlangen. Gott ist das eine Licht, das sich dem Menschen als der tausendfache Abglanz der Dinge manifestiert. Gott zeigt sich in allen Dingen, in seinem ewigen Atem bilden sich die Wesenheiten wie die Worte beim Sprechen. Zwischen Gott und den Dingen vermittelt eine Zwischenwelt, die auch als «Urwolke» metaphorisiert wird. Die göttlichen Eigenschaften, wie sie in den «99 schönsten Namen Allahs» versprachlicht sind, vermitteln zwischen der Welt und der unnahbaren Transzendenz Gottes. Erkenntnis der höchsten Wahrheit erlangt nur der vollkommene Mensch, der diese Eigenschaften Gottes zu seinen eigenen gemacht hat, sie gleichsam in sich neu erschafft. Erst auf dieser Stufe der Erkenntnis erwacht der Mensch aus dem Schlaf seiner Existenz.

Man hat Ibn al-ʿArabî als Pantheisten charakterisiert, eine Bezeichnung, die nicht ganz zutrifft, da er immer wieder die absolute, nur als Negation definierbare Transzendenz Gottes betont. Aber in dem riesigen Kosmos der Schriften des «größten Meisters», die nur zum Teil in westlichen Sprachen zugänglich sind, kann man Belege für die verschiedensten philosophischen Positionen finden. Gemeinsam ist allen seinen Werken die komplexe Sprache und die esoterische Terminologie, aber auch der Schwung der Imagination und die Kraft der Metaphern.

Ibn al-ʿArabî war auch ein bedeutender Dichter; besonders bekannt ist seine Sammlung «Der Dolmetscher der Sehnsüchte», die er um 1204 in Mekka verfaßte, inspiriert von einer schönen, hochgebildeten Perserin, die für ihn eine ähnliche Rolle spielte wie Beatrice für Dante. Dieses Werk hat er auch selbst in Prosa kommentiert. Die mystische Erfahrung hat er zunächst existentiell in der Sprache irdischer Liebesdichtung ausgedrückt, um sie dann im nachhinein diskursiv-scholastisch zu systematisieren. Dieser Selbstkommentar ist nach Form und Inhalt mit dem Werk des berühmten spanischen Mystikers San Juan de la Cruz (1542–1592) vergleichbar, der seinen poetischen Werken ebenfalls einen Prosakommentar zur Seite gestellt hat, um den spirituellen Sinn der scheinbar profanen Liebeslyrik zu verdeutlichen. Ibn al-ʿArabî ist sich bewußt, daß die mystische Gottesliebe alle Einzelreligionen übersteigt; sein Herz verwandelt sich in die mekkanische Kaʿba ebenso wie in die Schrifttafeln der Tora, in ein christliches Kloster oder sogar in einen heidnischen Tempel, denn:

> Mein Glaube ist die Liebe – wo die Karawane
> auch hinziehn mag, ist Liebe meine Religion.

Dichtung

Von allen Künsten haben die Araber die Dichtung am höchsten verehrt. Das Arabische wurde als Ausdrucksmittel der Poesie in einem Ausmaß kultiviert und verfeinert, wie wir uns dies heute im Westen kaum vorstellen können. Sprachliche Schönheit wurde nicht einfach nur bewundert, sie versetzte den Hörer geradezu in ekstatisches Entzücken. Zwei weitere Künste dienten der Poesie und erhöhen noch ihren Wert: Musik und Kalligraphie. Während der Zusammenhang zwischen Dichtung und Gesang nicht erstaunt, ist das extreme Raffinement der Kalligraphie eine Besonderheit der arabisch-islamischen Zivilisation, vergleichbar allenfalls noch mit der Kultivierung des Schreibens in der chinesischen und japanischen Kultur – dort allerdings mit ganz anderen ästhetischen Idealen. Wir kommen auf die Kalligraphie im Zusammenhang mit der Alhambra zurück (s. u. S. 120).

Die arabische Dichtkunst kommt aus der Wüste, aus einem Dasein in Einsamkeit und sehnsüchtigem Erinnern, immer an der Grenze zwischen Leben und Tod, verbunden mit genauer Beobachtung der kargen Natur, in eine Sprache gefaßt, die mit ihrem immensen Wortreichtum eine unübertreffliche Genauigkeit ermöglicht und die zugleich mit ihrer Klangfülle und ihrer rhythmischen Vielfalt auch ohne Vertonung schon Musik ist. Die Verehrung, die schon die vorislamischen Beduinen für ihre Sprache hegten, wurde noch gesteigert durch die Sakralisierung, die das Arabische durch den Islam erfuhr, gilt der Koran doch als Inkarnation Gottes und unerreichbarer Gipfel sprachlicher Vollkommenheit. Schon in umayyadischer Zeit, dann aber vor allem im abbasidischen Kalifat gelangte die arabische Dichtung zu vollendeter Entfaltung. Ich nenne nur drei Namen, die in ihrer Unterschiedlichkeit die enorme Bandbreite der klassischen Dichtkunst signalisieren: der Hedonist Abû Nuwâs (ca. 750–815), der Sprachästhet Abû Tammâm (804–845) und der große al-Mutanabbî (915–965), Inbegriff des stolzen Arabertums.

Von Anfang an war der Ferne Westen mit dieser glanzvollen orientalischen Dichtung verbunden. Der erste umayyadische

Emir, ʿAbd al-Rahmân I. al-Dâkhil (731–788), war selbst ein begabter Dichter. Aber erst im 10. Jahrhundert, im Kalifat von Córdoba, kam es zu einem wirklichen Aufschwung der Dichtkunst. Man bewunderte die orientalischen Vorbilder, ahmte sie nach und suchte sie zu übertreffen. Die Lage von al-Andalus war ganz wörtlich «insulär»: Córdoba war ein Gegenpol zu Bagdad, aber dazwischen lagen weite Meere und Wüsten. Dennoch war der kulturelle Austausch zwischen den beiden kalifalen Hauptstädten äußerst rege – in der ersten Zeit als Einbahnstraße von Ost nach West, später auch in umgekehrter Richtung. Begierig nahm man alle Neuerungen aus dem fernen Bagdad auf und assimilierte sie an die mittlerweile gefestigte, selbstbewußt gewordene Kultur von al-Andalus. Ein Andalusier, Ibn ʿAbd Rabbihi (860–940), hat als erster eine mit Gedichten gewürzte Sammlung von Anekdoten, Erzählungen, Sprichwörtern und Erörterungen aller Art vorgelegt, wie sie in der arabischen Literatur unter der Bezeichnung *adab* bekannt sind (übersetzbar als «schöne Literatur, feine Bildung»). Sein Werk *al-ʿiqd al-farîd*, «Die Einzigartige Perlenkette», stellt so etwas wie ein Kompendium dessen dar, was man im kalifalen Córdoba als Mann von Welt wissen mußte. In diesem umfangreichen Werk finden sich, außer den eher mittelmäßigen Gedichten des Autors selbst, fast nur Materialien aus dem Orient – ein Beleg für die kulturelle Abhängigkeit des kalifalen al-Andalus von östlichen Quellen.

Aber zur gleichen Zeit entstand hier im äußersten Westen eine eigene, neue lyrische Form, die im Orient kein Vorbild hatte; sie wurde später in Ägypten, Syrien und anderswo begeistert nachgeahmt, gleichsam als Gegengeschenk des fernen Westens an den Orient. Um dies zu verstehen, muß hier in aller Kürze auf metrisch-formale Fragen eingegangen werden. Grundform der arabischen Dichtung war die Kasside (arabisch *qasîda*). Das sind Oden von variabler Länge (von zwei bis über hundert Verse), die von einem einzigen durchgehenden Reim zusammengehalten werden; es gibt keinerlei strophische Gliederung. Die Metrik beruht auf dem Prinzip der Quantität: Die Abfolge von Längen und Kürzen bestimmt das Metrum, ähnlich wie im Lateinischen. In Spanien hat sich demgegenüber eine neue Art des Dichtens entwickelt, die erstens strophisch ist und bei der zweitens jeweils nur der Kehrreim der Strophen einheitlich ist, während die übrigen Verse freie, von Strophe zu Strophe wechselnde Reime enthalten; außerdem spielt nicht nur die Quantität, sondern auch der Akzent eine Rolle. Die Kehrreime bilden eine Art «Gürtel» *(wishâh)* des Gedichts, daher wird diese Form *muwashhaha*, «Gürtelgedicht», genannt. Der letzte Kehrreimvers ist üblicherweise in einer anderen Sprache als Hocharabisch abgefaßt, meistens im vulgärarabischen Dialekt, manchmal aber auch in einem frühen Altspanisch; man nennt diese Schlußverse *khardja*, «Ausgang». Es ist nicht verwunderlich, daß solche *khardjas* in romanischer Sprache bei den westlichen Sprach- und Literaturforschern besonderes Interesse geweckt haben, zählen sie doch zu den ältesten Zeugnissen der iberoromanischen Sprachen überhaupt; sie sind die ältesten Belege von volkssprachlicher Dichtung in der romanischen Welt.

Die Form der *muwashhaha* mit der dazugehörigen *khardja* war im festgefügten Kanon der klassischen arabischen Dichtung eine revolutionäre Neuerung, mit der die Dichter von al-Andalus virtuos experimentierten. Die romanischen *khardjas* werden fast immer einer jungen Frau in den Mund gelegt; diese ist nicht gebildet genug, um Hocharabisch zu können, und benutzt daher die Volkssprache. Meist weint und klagt sie um ihren Geliebten *(habîb)*, der sie im Stich gelassen hat; es finden sich aber auch erotische Einladungen von einer Unverblümtheit, wie sie im christlichen Abendland undenkbar gewesen wäre. Angeblich wurde diese neue Dichtungsform Mitte des 10. Jahrhunderts von einem legendären Dichter namens Muqaddam aus dem andalusischen Cabra erfunden. Es ist bemerkenswert, daß dieser Ort nur zehn Kilometer von Lucena entfernt liegt, einer Hochburg des spanischen Judentums. Sollten jüdische Einflüsse bei der Entstehung dieser strophischen Dichtung eine Rolle gespielt haben? Jedenfalls stammt die älteste direkt dokumentierte und sicher datierbare *muwashhaha* nicht von einem arabischen, sondern einem hebräischen Dichter, von Yosef ibn Caprel, dessen Komposition nachweislich zwischen 1038 und 1041 in Granada entstand; seine *khardja* enthält die ältesten Verse in spanischer Sprache:

Tanto amare, tanto amare,   habîbi, tanto amare!
Enfermeron olyos nidios,   ya duolen tan male!

Soviel lieben, soviel lieben, mein Liebster, soviel lieben!
Krank wurden meine blanken Augen, sie schmerzen schon so sehr!

Damit sind wir bei einem weiteren Punkt, durch den sich die Dichtkunst von al-Andalus von der des Orients unterscheidet; es ist die Einbeziehung des Hebräischen. Im kosmopolitischen Córdoba des umayyadischen Kalifats bildeten die Juden eine wichtige und einflußreiche Minderheit. Unter islamischer Herrschaft konnten sie sich frei entfalten, die jüdischen Gemeinden blühten auf. Zur gleichen Zeit, als sich arabisches Dichten nach orientalischen Mustern verbreitete, versuchten die Hebräer, es den Arabern in ihrer Sprache gleichzutun. Sie ahmten Formen, Themen, Metren und Metaphern der Araber nach und wurden bald so erfolgreich, daß al-Andalus zur Heimat des «Goldenen Zeitalters» in der Kulturgeschichte des nachbiblischen Judentums wurde. Die großen Klassiker der hebräischen Dichtung, Samuel ha-Nagid aus Córdoba (993–1056), Salomon ibn Gabirol aus Málaga (1020–1056), Moshe ibn 'Ezra aus Granada (1055–1135) und schließlich Yehuda ha-Lewi aus Tudela (1070–1145) sind alle dem Nährboden des Sephardentums erwachsen. Sie sind mit dem Glanz der arabischen Dichtung aufgewachsen und haben die hebräische Sprache nach diesem Vorbild zu neuem Leben erweckt. Im Unterschied zur Dichtung des Orients hat sich die Poesie in al-Andalus von allem Anfang an zweisprachig entfaltet, sie zeigt dieses doppelköpfige, arabische und hebräische Gepräge, das es nirgendwo anders gegeben hat.

Doch kehren wir zur Hauptströmung zurück, zur arabischsprachigen Dichtung in der klassischen Form der Kasside. Wie im geschichtlichen Teil dargestellt, war die Zeit des politischen Niedergangs zugleich eine Epoche kultureller Glanzentfaltung. Während der Wirren der *fitna* blühten die Künste; die auf den Trümmern des Kalifats errichteten, kurzlebigen Taifa-Königreiche wetteiferten miteinander um die besten Dichter. Die arabische Dichtung, die sich im Kalifat entwickelt und konsolidiert hatte, trat nun in die Phase ihrer klassischen Vollendung.

Als größter Dichter von al-Andalus gilt *Ibn Zaydûn* aus Córdoba (1003–1070). Seine makellose, bis ins feinste Detail ziselierte Sprache hat ihn zu einem der Klassiker der arabischen Literatur gemacht; er genießt bis heute im Orient höchste Wertschätzung und wird in den Schulen auswendig gelernt. In Europa wurde er wegen seiner kurzen, aber heftigen Romanze mit der umayyadischen Prinzessin Wallâda bint al-Mustakfî (994–1091) bekannt, die selbst eine begabte und scharfzüngige Dichterin war.

Das führt zu einer Besonderheit der Dichtung von al-Andalus: Dichterinnen sind nach Zahl und Qualität weit überdurchschnittlich vertreten. Frauen erhoben deutlich und vernehmbar ihre unverwechselbare Stimme; selbst wenn ihre Verse die Grenze zur Frivolität überschritten – was häufig geschah –, waren sie offenbar keinen Restriktionen ausgesetzt. Die zahlreichen Dichterinnen, deren Verse namentlich überliefert sind, entstammen den besten Familien, bis zu den Herrscherhäusern.

Zeitgenosse und Landsmann von Ibn Zaydûn war *Ibn Hazm* (994–1064), Universalgelehrter und Jurist. Zu seinem umfangreichen Œuvre gehören neben Werken zum islamischen Recht und zur Geschichte auch philosophische Abhandlungen, so ein Katalog der Wissenschaften und eine Abhandlung zur Ethik. Unsterblichen Nachruhm gewann er jedoch nicht mit solchen Schriften, sondern mit seinem «Halsband der Taube», entstanden mitten in den Wirren der *fitna*. Dies ist ein Werk ganz eigener Art, geschrieben in erzählender und erörternder Prosa, durchsetzt von Reimprosa und von Poesie. Inhaltlich ist es ein Kompendium der Liebe in all ihren Spielarten. Die Anordnung der Kapitel ist systematisch: Vom Aufkeimen der ersten Verliebtheit über die Werbung mit den Augen, dem Entsenden von Boten und der Abwehr von Spionen bis hin zur Liebesvereinigung und der Treue reicht der aufsteigende Bogen, dem der absteigende Bogen von Untreue, Trennung, Vergessen und Tod korrespondiert. Als Dichter war Ibn Hazm eher mittelmäßig, aber seine

Prosa hat eine Frische und ein psychologisches Raffinement, die auch den heutigen Leser noch bezaubern. Moderne Autoren wie Ortega y Gasset haben sich für Ibn Hazms Werk begeistert. Seine Erzählungen und Anekdoten beschreiben die Gesellschaft von al-Andalus in all ihrer farbigen Vielgestaltigkeit.

Wie oben schon dargestellt, verkörperte König al-Mu'tamid von Sevilla (1040–1095) wie kein zweiter Glanz und Tragik des Taifa-Zeitalters, als Dichter und als bedeutender Mäzen, bis zu seinem schmählichen Exil in Marokko. Er steht emblematisch für die Hochblüte der Dichtung im 11. Jahrhundert. Die almoravidische Eroberung veränderte die Lage in Spanien dramatisch. Die Dichter sahen sich vor die Alternative gestellt, entweder die neuen Herren zu akzeptieren und in ihre Dienste zu treten oder aber in eine Art inneres Exil zu gehen. Die erste Lösung wurde von Ibn 'Abdûn (1050–1123) gewählt, dem Hofdichter der Aftasiden in Badajoz; ihre Ermordung durch die Almoraviden beweinte er wortreich in einem großen Klagegedicht, was ihn aber nicht daran hinderte, sich kurz danach eben diesen Almoraviden zur Verfügung zu stellen. Den zweiten Weg haben die Dichter der «Schule von Valencia» eingeschlagen: Ibn Khafâdja (1058–1139) und sein Neffe Ibn al-Zaqqâq (1096–1143). Keiner von beiden hat sich jemals in all den Wirrnissen der Zeit mit den Herrschenden gemein gemacht; sie waren aufgrund eigenen Landbesitzes unabhängig und lebten zurückgezogen ganz ihren literarischen Interessen. Beide besingen die Schönheit der Natur, den Genuß von Freundschaft, Wein und Liebe, aber auch die Vergänglichkeit des Daseins in Versen von betörendem Zauber. Diese Dichter kommen übrigens dem Empfinden des modernen Lesers eher entgegen als viele ihrer Zeitgenossen. In der modernen Literaturkritik gilt Ibn Khafâdja als der größte Lyriker von al-Andalus überhaupt. Er verstand es meisterhaft, ein fast schon romantisches Naturgefühl mit dem Ausdruck der Geworfenheit des Menschen in eine dunkle Existenz zu verbinden.

Ein weiterer Dichter, der sich von höfischer Abhängigkeit fernhielt, war Ibn Quzmân (1080–1160); er begnügte sich damit, bei seinen reichen Mitbürgern nach allen Regeln der Kunst zu «schnorren» – für ein gutes Honorar schrieb er gerne ein Preis-

oder auch Spottgedicht. Ibn Quzmân nimmt übrigens auch insofern eine Ausnahmestellung ein, als er als erster nicht auf Hocharabisch schrieb, sondern dem vulgärarabischen Dialekt zu literarischen Ehren verhalf. Sprachlich wie inhaltlich stellt Ibn Quzmân das Leben in seiner Heimatstadt Córdoba mit all seinen Höhen und Tiefen drastisch und eindringlich dar. Wie nirgends sonst kommt bei diesem in seiner Art einzigartigen Dichter das Volk von al-Andalus zu Wort.

Ein Jahrhundert später, in der Endzeit des Almohadenreiches, gebrauchte ein anderer Dichter, der aus Guádix stammende Mystiker al-Shushtarî (1212–1269), den andalusisch-arabischen Dialekt für eine ganz andere Art von Dichtung. In Gedichten von großer Ausdruckskraft schildert er die Suche der Seele nach Gott.

Unter den Almohaden blühte die philosophische Reflexion; die Dichtung stand demgegenüber im Hintergrund. Immerhin hat diese Zeit einen Dichter wie al-Rusâfi (1140–1177) hervorgebracht. Er gehörte zu einer Delegation von Dichtern, die 1161 dem almohadischen Sultan 'Abd al-Mu'min am Felsen von Gibraltar einen triumphalen Empfang bereitet haben. Al-Rusâfi führte die Tradition der «Schule von Valencia» mit ihrem sehr persönlichen Naturempfinden talentiert fort.

Eine singuläre Erscheinung war Ibn Sahl, ein zum Islam bekehrter Jude aus Sevilla (1212–1261). Seine Lebenszeit fällt in die Jahre des endgültigen Niedergangs der Almohaden nach der Schlacht von Las Navas de Tolosa. Er widmete seine Gedichte einem schönen Jüngling namens Mûsâ, den es wohl real gab, der aber auch als Symbol des Judentums (Mûsâ ist die arabische Form von Moses!) gedeutet werden kann. Die außerordentliche Musikalität seiner Verse hat ihm ein Fortleben bis in die marokkanische Musik unserer Tage gesichert.

Auch noch die letzte Periode von al-Andalus, das Nasriden-Reich von Granada, brachte beachtliche Dichter hervor, wenn auch nicht mehr vergleichbar mit früheren Epochen. Der wichtigste war Ibn Zamrak (1333–1393), Hofpoet von König Muhammad V. und Dichter der Alhambra. Ihm verdanken wir die meisten der Gedichte, welche die Wände und Brunnen die-

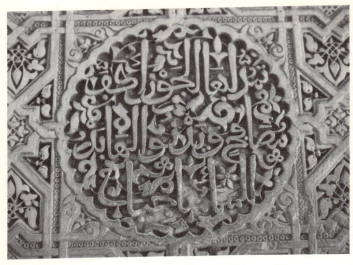

Gedicht von Ibn Zamrak zu Ehren von Muhammad V.
im Saal der Zwei Schwestern in der Alhambra

ses Schlosses schmücken, das ja nicht nur ein Wunderwerk der Architektur ist, sondern auch eine steingewordene Blütenlese von Gedichten, die hier in ihrer schönsten Form erscheinen: als gemeißelte Kalligraphie.

Architektur

Das Maurische Spanien hat nicht sehr viele spektakuläre architektonische Zeugnisse seiner einstigen Größe hinterlassen; die Bausubstanz der Städte wurde nach der Reconquista konsequent christianisiert, zumindest nach außen. Ein Blick unter die Oberfläche zeigt allerdings, daß islamische Architektur und Urbanität tiefe Spuren hinterlassen haben. Ein Beispiel ist die Altstadt von Valencia: Äußerlich erinnert nichts mehr an die Mauren, aber sowohl der berühmte Kathedralturm, im Volksmund liebevoll *Miguelet* genannt, als auch der Turm der nahen Catalina-Kirche gehen unverkennbar auf Minarette zurück; der

Name des Viertels *Russafa* stammt aus Damaskus – die umayyadischen Emire haben Gartenanlagen im fernen Westen oft nach der «Rusâfa» in ihrer früheren Heimat benannt. Im folgenden sollen die beiden herausragendsten Zeugnisse der muslimischen Vergangenheit genauer dargestellt werden: die Moschee von Córdoba und die Alhambra von Granada.

Die große Moschee von Córdoba (spanisch *mezquita*, von arabisch *masdjid*, «Ort der Niederwerfung») verdankt ihre Erhaltung der Tatsache, daß in ihr eine Kirche errichtet wurde, ähnlich wie beispielsweise die Porta Nigra in Trier, oder umgekehrt die Hagia Sophia in Istanbul, die von einer Kirche zur Moschee wurde. In ihrer wechselvollen Geschichte spiegelt sich die Entwicklung des andalusischen Kalifats. Die Mezquita steht an einer Stelle, wo bereits in römischer Zeit ein Tempel gestanden hatte, direkt an der Brücke über den Guadalquivir. Diese Brücke war von großer strategischer Bedeutung, denn über sie führte die Via Augusta, auf der man quer durch Hispania von den Pyrenäen bis nach Cádiz reiste. Eine christliche Kirche trat an die Stelle des Tempels. Die arabischen Eroberer begriffen die strategische und symbolische Bedeutung der Stadt, deren Rolle als Hauptstadt von Anfang an unumstritten war. In den ersten Jahrzehnten teilten sie sich den Platz an der Brücke mit den Einheimischen und begnügten sich mit einem kleinen Gebetshaus, das sie unmittelbar neben der christlichen Kirche errichteten. Als dann aber der Umayyade 'Abd al-Rahmân I. al-Dâkhil ein stabiles Emirat schuf, verdrängten sie die Christen von diesem Platz, nicht ohne Bezahlung und Bereitstellung von angemessenem Ersatz. 785 begann al-Dâkhil mit dem Bau einer großen Moschee. Dieser ursprüngliche Kern nimmt den Nordwesten der heutigen Mezquita ein, dort wo man heute noch den Bau betritt; er war 11 Schiffe breit und 12 Joche lang. Die Moschee von 'Abd al-Rahmân I. war ein stolzes Symbol der neu errichteten islamischen Macht, ein weithin sichtbares Zeichen dafür, daß es dem Umayyaden nicht um Beutezüge, sondern um die dauerhafte Inbesitznahme von Hispanien ging. Architektonisch ist sie ein originäres, in dieser Form einmaliges

Meisterwerk. Auch heute noch ist der Besucher überwältigt von dem unendlich scheinenden Säulenwald, der ihn mit mystischer Dämmerung umfängt. Es lohnt sich, über diesen ersten Eindruck hinauszugehen und sich die Säulen etwas genauer anzuschauen.

Die Säulenschäfte sind allesamt römische Spolien; man hat sie samt ihrer Kapitelle direkt für den Bau des neuen Gotteshauses benutzt. Man kann dies als Armutszeugnis deuten: Die muslimischen Handwerker waren in dieser frühen Zeit vielleicht noch nicht in der Lage, selbst Säulen von dieser Qualität herzustellen. Man kann es aber auch als ein Symbol für den Willen des Umayyaden sehen, an die römische Vergangenheit anzuknüpfen: Für ihn war der Islam nicht eine zerstörerische, sondern eine aufbauende Macht, die sich bewußt in die antiken Traditionen stellte. Auf den Säulen ruhen Doppelbögen, die ihrerseits das Dach tragen. Diese Doppelbögen sind eine statische Meisterleistung; der obere Bogen ist halbrund, auf ihm ruht die Last der Decke, die er senkrecht nach unten ableitet; der untere Bogen ist hufeisenförmig, er stützt die von oben kommende Säule seitlich und fängt so die Lateralkräfte ab. Auf diese Weise wurde es möglich, die ganze Last des Daches auf schlanken, geradezu grazil wirkenden Säulen ruhen zu lassen. Der erwünschte ästhetische Nebeneffekt dieser Lösung eines statischen Problems war die Raumhöhe, die durch den Doppelbogen entscheidend vergrößert werden konnte. Unterstützt wurde die Wirkung durch die abwechselnde Verwendung von roten Ziegeln und weißen Steinen. Man hat versucht nachzuweisen, daß einzelne Elemente dieser Konzeption von außen übernommen wurden: Die Gesamtanlage hat ein – entfernt ähnliches – Vorbild in Damaskus; die rot-weiße Färbung ist vielleicht antik, das Prinzip der sich gegenseitig stützenden Rundbögen könnte von römischen Aquädukten stammen, etwa dem von Mérida. In seiner Gesamtheit folgt dieses Bauwerk aber einer völlig eigenständigen Konzeption. In der ursprünglichen Moschee-Anlage von al-Dâkhil hat sich die auf spanischem Boden neu errichtete islamische Macht ein Denkmal ihrer Selbständigkeit und Dauerhaftigkeit geschaffen.

Der Islam breitete sich sprunghaft aus, viele hispano-romanische Christen konvertierten zu der neuen Religion. Bald reichte die Moschee für das große Freitags-Gebet nicht mehr aus. Von 833 bis 848 erweiterte ʿAbd al-Rahmân II. die Anlage nach Süden, zum Fluß hin, um 8 Joche; dazu mußte die Südwand mit dem Mihrab (arabisch *mihrâb*, die Nische, welche die Gebetsrichtung nach Mekka anzeigt) erneuert werden. Später ließ Kalif ʿAbd al-Rahmân III. das Minarett errichten, das mit seinen über dreißig Metern Höhe, seiner Kuppel und den beiden Treppen in seinem Inneren das größte und schönste im islamischen Westen war, Vorbild für spätere Konstruktionen in Sevilla, Rabat und Marrakesch. Es war das erste seiner Art. Vermutlich kam die Errichtung von hohen Türmen für den Gebetsrufer, den Muezzin, im Kontakt mit Christen auf – man wollte den Glockentürmen islamischerseits etwas Vergleichbares entgegenstellen.

Al-Hakam II. erließ 962 nur einen Tag nach seiner Thronbesteigung das Dekret zur abermaligen Erweiterung der Moschee. Sie wurde in Richtung Süden nahezu verdoppelt. Die neue Innendekoration übertraf alles Bisherige bei weitem. Das Kalifat befand sich auf der Höhe seiner Macht und der handwerklich-künstlerischen Meisterschaft seiner Untertanen. Die Säulen wurden nun nicht mehr römischen Ruinen entnommen, sondern selbst angefertigt, genau nach den antiken Vorbildern einschließlich der korinthischen Kapitelle. Der Mihrab wurde zu einem kunstvoll ausgeschmückten Raum ausgebaut. Für den Kalifen wurde ein abgegrenzter Raum geschaffen, dessen Glanz alles übertreffen sollte. Die Wände wurden mit goldenen Mosaiken bedeckt, für die der Kaiser von Byzanz die Steinchen als Geschenk zur Verfügung gestellt hatte – statt christlicher Ikonen prangten auf diesem Goldgrund nun kunstvoll kalligraphierte Verse aus dem Koran.

Nach der faktischen Machtübernahme durch al-Mansûr erwies sich die Moschee abermals als zu klein. Eine weitere Ausdehnung nach Süden war nicht mehr möglich, einerseits wegen der Nähe zum Fluß, andererseits wegen der an der Südwand unterdessen vorgenommenen kunstvollen Einbauten. So verdoppelte al-Mansûr die Moschee in Richtung Osten; daß dadurch der Mihrâb aus der Symmetrieachse fiel, wurde in Kauf genommen. Dieser Teil der Moschee wurde in nur drei Jahren, von 987 bis 990, erbaut; statt unterschiedlich gefärbte Steine zu verwenden, wurden die Steine jetzt einfach bemalt. Bald folgten die Wirren der *fitna* und der Zusammenbruch des Kalifats.

1236 eroberte Ferdinand III. von Kastilien die Stadt. Er errichtete in der Erweiterung von al-Hakam II. eine kleine königliche Kapelle und ließ ansonsten den Bau unangetastet. Sein Sohn Alfonso el Sabio baute eine etwas größere Kapelle ein; vor allem aber stellte er vier maurische Handwerker (zwei Maurer und zwei Schreiner) dauerhaft ein, um das Gebäude instand zu halten, «damit alles erhalten bleibe und nichts zerstört würde» – ein christlicher Monarch als Denkmalpfleger einer Moschee! 1489 riß Bischof Íñigo Manrique einen Raum von fünf mal vier Säulenreihen ab und errichtete ein gedecktes Kirchenschiff mit gotischen Spitzbögen. Das war ein Kompromiß, denn eigentlich wollte das Domkapitel eine richtige Kathedrale, dies scheiterte jedoch – am Widerstand von Königin Isabel der Katholischen! Zwei Generationen später entzündete sich der Konflikt erneut, diesmal zwischen dem Domkapitel und dem Stadtrat. Der Stadtrat wandte sich gegen den Wunsch der Kleriker nach einer großen Kathedrale, denn «dieser Bau ist einzigartig in der Welt, und wenn man ihn abreißt, wird man ihn nie wieder so aufrichten können.» 1523 entschied Kaiser Karl V. aus der Ferne zugunsten der Domherren. Drei Jahre später kam er auf seiner Hochzeitsreise aus Portugal nach Córdoba, sah die riesige Baustelle und bereute seinen Entschluß, denn: «Ihr baut hier, was man überall bauen kann, und habt zerstört, was einmalig in der Welt war.» Der Bau der Kathedrale nahm seinen Lauf. 1599 wurde das Gewölbe geschlossen, 1607 war die Innendekoration vollendet. Das Ergebnis bewegt sich zwischen spätester Gotik (dem sogenannten plateresken Stil) und Frühbarock. Der spanische Archäologe und Kunsthistoriker Torres Balbás hat den in die Moschee eingefügten christlichen Bau so charakterisiert: «Der Blick ermüdet von der monotonen Überladenheit eines nicht disziplinierten Dekors und kehrt gern zu den klaren For-

Architektur

Die große Moschee von Córdoba wurde an einem seit alters wichtigen Übergang über den Guadalquivir errichtet.

men des islamischen Baus zurück.» Aber vielleicht wäre ohne dieses Opfer der ganze Bau zerstört worden. Im historischen Rückblick bleibt festzuhalten, daß dieser Bau 451 Jahre eine Moschee war, aber nun schon 770 Jahre als christliche Kirche dient. Die Mezquita ist ein getreues Spiegelbild der spanischen Geschichte.

Die Alhambra von Granada ist, zusammen mit den Gärten des Generalife, das bekannteste Bauwerk Spaniens und eines der berühmtesten Monumente der Welt. Dem Zauber dieses späten Wunderwerks von al-Andalus kann sich kein Besucher entziehen. Schon Ende des 9. Jahrhunderts wird in arabischen Quellen eine «rote Burg» erwähnt, nach der Farbe der Lehmmauern, auf arabisch *al-qal'at al-hamrâ'*; *Alhambra* bedeutet also einfach «die rote» (Burg). Um 1050–1060 bauten der jüdische Magnat Samuel ha-Nagid und sein Sohn Yehosef diese mittlerweile verfallene Burg wieder auf, vergrößerten und verschönerten sie und machten daraus eine prunkvolle Residenz. Nach neueren Forschungen (von Bargebuhr und Stierlin) stammt der Löwenbrunnen aus dieser Zeit, denn er wird detailliert in einem Gedicht von Ibn Gabirol beschrieben, der den Palast besucht hat. Diese «alte Alhambra» soll auch ein Planetarium beherbergt haben, dessen drehende Kuppel dem in der Bibel und im Koran beschriebenen Palast von König Salomon nachgebildet war. Die Prachtentfaltung des Juden Yehosef und seine politischen Ambitionen erzürnten den muslimischen Mob und lösten 1066 ein Pogrom aus, dem seine Familie zum Opfer fiel (s. o. S. 38). Dabei wurde auch die alte Alhambra weitgehend zerstört. 1238 zog Muhammad I. al-Ahmar, der Begründer der Nasriden-Dynastie, in Granada ein. Er baute sogleich die Befestigungsmauern wieder auf und ließ Kanäle zur Wasserversorgung des Schlosses und der Gärten anlegen. Seine Nachfolger Muhammad II. (1273–1302) und Muhammad III. (1333–1355) bauten die Schloßanlage stetig aus. Aus einem Gedicht von Ibn al-Khatîb wissen wir, daß die königliche Moschee unter Muhammad III. errichtet wurde; man wandelte sie später in eine Kirche um, Santa María de la Alhambra. Sein Sohn Muhammad V.

Architektur

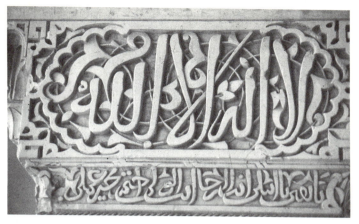

Auf einem Kapitell der Alhambra steht über Versen von Ibn Zamrak das Glaubensbekenntnis: «Es gibt keinen Gott außer Allâh».

(1354–1359/1362–1391) war der bedeutendste der Nasriden. Er brachte dem Land jahrzehntelangen Frieden und konnte sich ganz dem endgültigen Ausbau der Alhambra widmen. Seine Hofdichter priesen ihn in kunstvollen Versen, die überall die Wände schmücken.

Die Katholischen Könige waren nach der Einnahme von Granada bemüht, diese wundervolle, aber fragile Architektur zu erhalten. Sie erklärten die Alhambra zur königlichen Residenz und erteilten einem kastilischen Grafen das erbliche Amt eines Aufsehers über die Morisco-Handwerker, die den Bau instand hielten – auch hier betätigten sich die spanischen Monarchen als Denkmalschützer! Kaiser Karl V. setzte einen monumentalen Renaissancepalast mitten hinein, was nicht eben für seinen Kunstverstand spricht, aber ansonsten schützten und pflegten alle Könige dieses Monument, so gut sie konnten. Größere Schäden erlitt die Anlage nur unter den napoleonischen Truppen. Seit 1905 steht die Alhambra unter staatlicher Obhut, seit 1985 in Verantwortung der andalusischen Regionalregierung.

Die Alhambra ist ein weltweit einzigartiges Gesamtkunstwerk. Die Gartenanlagen des Generalife mit ihren Wasserspielen vermitteln eine Vorahnung der Paradiesesgärten. Die Wände sind über und über mit arabeskem Dekor bedeckt. Gedichte von Ibn Zamrak, Ibn al-Khatîb und Ibn al-Djayyâb ziehen sich als gemeißelte Kalligraphie in Kassetten und Schriftbändern um die Säle, über die Portale und Fensterbögen und um die Brunnen des Palastes. An der Decke des Botschaftersaales türmen sich die sieben Himmelssphären als kunstvolles Stalaktitengebilde übereinander. Neben diesem filigranen Geflecht wirken die massigen Skulpturen des Löwenbrunnens als Relikt aus archaischer Zeit. Der Zusammenklang von Architektur, Wasserspielen, Poesie und Kalligraphie zeugt von dem äußersten Grad an Verfeinerung, den die Kultur von al-Andalus in ihrer letzten Blütezeit erreicht hatte. In ungezählten Variationen wirkt dieses Symbol vergangenen Glanzes bis heute nach. Der «maurische» Baustil der Alhambra wird weltweit nachgeahmt.

4. Epilog: Al-Andalus, ein Mythos?

Mythen können wahrer als die Wahrheit sein, wirkungsmächtiger als die Wirklichkeit. Immer neue Generationen deuten sie auf ihre Weise und finden sich in ihnen wieder.

Einmal angenommen, al-Andalus wäre nichts weiter als ein Mythos, er wäre gewiß nicht das schlechteste Ideal: eben nicht romantisch-verträumt, vielmehr auf Toleranz, Frieden und wechselseitige Befruchtung ausgerichtet – eine politische Utopie, die genau den Werten Ausdruck verleiht, zu denen wir uns heute bekennen. Ist es nicht aller Ehren wert, daß Daniel Barenboim sich auf al-Andalus beruft? Sein *West-Eastern Diwan Orchestra*, das Jugendliche aus Israel, der arabischen Welt und Spanien vereint und das vor kurzem in Ramallah Beethovens Fünfte aufgeführt hat, probt in einem Kloster bei Sevilla. Damit wird ein Zeichen gesetzt, das jeder versteht, der guten Willens ist.

Aber die Idee von al-Andalus als einem Ort des Miteinanders,

4. Epilog: Al-Andalus, ein Mythos?

der *convivencia*, ist mehr als ein Mythos; sie war, zumindest zeitweise, konkrete historische Realität. Die besondere Kraft dieses Ideals speist sich gerade daraus, daß er eben nicht nur gedankliches Konstrukt, kein Hirngespinst maurophiler Romantiker ist, sondern pralle Lebenswirklichkeit. Im Zeitalter der Taifa-Königreiche entstand eine andalusische Kultur, ein andalusisches Lebensgefühl, das die Religionsgrenzen überstieg und ein – keineswegs immer harmonisches, aber doch insgesamt kooperatives – Zusammenleben von Muslimen, Juden und Christen ermöglichte. Die Reflexion über al-Andalus ist keine Debatte im Elfenbeinturm, vielmehr ist sie angesichts der weltweiten Bedrohung durch die Konfrontation zwischen den drei monotheistischen Religionen hochaktuell.

Das Maurische Spanien war ein Höhepunkt der islamischen Zivilisation, gerade dort, wo es die Grenzen des Islam überschritten hat. Mehr als irgendwo sonst in der islamischen Welt gab es in al-Andalus Ansätze zur Überwindung engstirniger Dogmen, der Unterdrückung der Frau, der Ausgrenzung anderer Religionen. Mehr als irgendwo sonst gab es ein Denken und Empfinden, das aus dem Korsett einer erstarrten Offenbarungsreligion hinausführte. Mehr als irgendwo sonst durchdrangen sich islamische, jüdische und christliche Kultur in einer fruchtbaren Symbiose. Wenn die islamische Welt dem Beispiel Spaniens gefolgt wäre, wenn sich die Lebensweise des al-Andalus der Taifa-Könige durchgesetzt hätte, wenn die islamische Theologie den von Ibn Rushd vorgezeichneten Weg einer an Aristoteles geschulten Rationalität konsequent weitergegangen wäre, dann hätte die Geschichte einen anderen Verlauf genommen. Das al-Andalus der Taifa-Zeit wurde zerrieben zwischen christlichem und islamischem Fundamentalismus. Die Konfrontation zwischen den Religionen hat die Oberhand behalten, es kam zum gnadenlosen Kampf zwischen einem europäisch radikalisierten Christentum und einem afrikanisch radikalisierten Islam; Kreuzzug stand gegen Djihâd.

Daß die Vertreibung der Juden und Moriscos in Spanien katastrophale Auswirkungen auf Staatswesen und Wirtschaft hatte, wurde oben schon dargestellt. Schlimmer noch waren die seelischen Traumata, welche die Ausgrenzung der andersgläubigen Kasten im kollektiven Unterbewußten hinterlassen hat. Trennung und Polarisierung führten zu seelischen Verwerfungen, die lange, fast bis in die Gegenwart nachgewirkt haben. Das Gefühl der Zusammengehörigkeit wurde durch Djihâd und Reconquista gewaltsam unterdrückt, der Nachbar wurde zum Todfeind. Es gab nun «gute» und «schlechte» Spanier. Religiöser Fanatismus verband sich mit Rassenwahn; Krypto-Juden und Krypto-Muslime wurden nicht einfach nur wegen ihrer religiösen Überzeugungen verfolgt, sondern wegen ihres «unreinen Blutes»: Ein Neu-Christ konnte gar kein guter Christ sein, weil ihm die böse Religion des Gegners in den Adern steckte. Die «Statuten der Blutreinheit» haben das Leben der spanischen Gesellschaft zutiefst geprägt und zu immer neu aufbrechenden Konflikten geführt. Noch Franco bediente sich des Vokabulars und der Denkkategorien der Inquisition, als er zu seinem «Kreuzzug gegen die Roten» aufbrach; in der propagandistisch aufgebauschten, für den Spanischen Bürgerkrieg psychologisch entscheidenden Verteidigung des Alcázars von Toledo schwangen noch Reminiszenzen an die Reconquista von 1085 mit.

Die Idee von al-Andalus ist in das Räderwerk der Geschichte geraten. Nur einen kurzen Moment lang hatte die *convivencia*, das kooperative, auf gegenseitige Befruchtung angelegte Zusammenleben von Angehörigen der drei monotheistischen Religionen eine reale Chance. Die Vernichtung von al-Andalus durch islamische wie christliche Intoleranz hatte katastrophale Folgen. In der spanischen Volksseele hat sie tiefe, jahrhundertelang schwärende Wunden hinterlassen. Für den Islam war die Abkehr von der Aufklärung, wie sie in al-Andalus angelegt war, eine Katastrophe, denn fehlende Rationalität ermöglicht bis heute immer wieder die Wiederbelebung eines ungezähmten, gewaltbereiten Ur-Islam. Die Vernichtung von al-Andalus war eine Tragödie, deren Ursachen und Auswirkungen wir stets vor Augen haben sollten, wenn wir über das Verhältnis der drei monotheistischen Religionen nachdenken. Hilft die Rückbesinnung auf die Werte von al-Andalus auf dem Weg zum Frieden zwischen Christen, Juden und Muslimen?

Zeittafel zur politischen Geschichte

Die Herrscherdaten beziehen sich auf die Regierungszeit.

710–756	*Islamische Eroberung und Anfänge*
710	Tarîf Abû Zur'a landet bei Tarifa.
711	Târiq ibn Ziyâd besiegt den Gotenkönig Rodrigo am Guadalete.
722	Pelayo besiegt die Mauren bei Covadonga.
756–1031	*Emirat und Kalifat von Córdoba*
756	Begründung des Umayyaden-Emirats durch 'Abd al-Rahmân I.
785	Beginn des Baus der Moschee von Córdoba
859	Christliche Märtyrerbewegung in Córdoba
879–918	Aufstand des Ibn Hafsûn
912–961	'Abd al-Rahmân III.; proklamiert sich 929 zum Kalifen
961–976	Al-Hakam II.
981–1002	Statthalterschaft von al-Mansûr; Beutezug nach Santiago 997
1009–1031	*Fitna und Untergang des Kalifats*
1009–1095	*Taifa-Königreiche*
1009–1076	Amiriden in Denia
1010–1090	Ziriden in Granada
1016–1085	Dhû l-Nûniden in Toledo und Córdoba
1021–1094	Aftasiden in Badajoz
1023–1091	Abbadiden in Sevilla und Córdoba
1031–1069	Djahwariden in Córdoba
1040–1110	Hudiden in Zaragoza
1064/65	Eroberung und Rückeroberung von Barbastro
1066	Pogrom in Granada
1085	Alfonso VI. von Kastilien erobert Toledo.
1090–1248	*Almoraviden und Almohaden*
1090–1116	Die Almohaden erobern die Taifa-Königreiche.
1094	El Cid erobert Valencia, das bis 1102 gehalten wird.
1118	Aragón erobert Zaragoza.
1145	Ibn Tûmart besiegt die Almoraviden.
1195	Die Almohaden besiegen Kastilien bei Alarcos.

1212	Kastilien besiegt die Almohaden bei Las Navas de Tolosa.
1229	Aragón erobert Mallorca.
1236	Kastilien erobert Córdoba.
1238	Portugal erobert Algarve.
1238	Aragón erobert Valencia.
1248	Kastilien erobert Sevilla: Ende der Großen Reconquista.

1237–1492	*Die Nasriden in Granada*
1237–1273	Muhammad I. al-Ahmar, Begründer der Nasriden
1354–1391	Muhammad V. von Granada
1391	Pogrome im christlichen Spanien
1478	Gründung der spanischen Inquisition
1482–1492	Kreuzzug der Katholischen Könige gegen Granada
1492	Ende der islamischen Herrschaft

1492–1614	*Die Moriscos*
1492	Ausweisung der Juden
1502–1526	Zwangsbekehrung der Muslime
1566	Verbot des Arabischen in Schrift und Rede
1568–1571	Aufstand der Moriscos in den Alpujarras
1609–1614	Ausweisung der Moriscos

Zeittafel zur Kulturgeschichte

785	Beginn des Baus der Mezquita von Córdoba unter 'Abd al-Rahmân I.
833–848	Erste Erweiterung der Mezquita unter 'Abd al-Rahmân II.
860–940	Ibn 'Abd Rabbihi (Literat)
936	Baubeginn der Residenz Madînat al-Zahrâ'
ca. 960–1007	Maslama al-Madjrîtî (Astronom, Mathematiker)
961	Christlich-muslimischer Kalender von Córdoba
962–965	Zweite Erweiterung der Mezquita unter al-Hakam II.
976	Erste Erwähnung der indisch-arabischen Zahlen in Spanien
987–990	Dritte Erweiterung der Mezquita unter al-Mansûr
993–1056	Samuel ha-Nagid (Dichter, Politiker)
994–1063	Ibn Hazm (Literat, Jurist, Philosoph)
994–1091	Prinzessin Wallâda bint al-Mustakfî (Dichterin)
1003–1070	Ibn Zaydûn (Dichter)
1020–1057	Ibn Gabirol (*Avicebron*; Dichter, Philosoph)

Zeittafel zur Kulturgeschichte 125

1038/1041	Älteste spanische Verse in einem hebräischen Gürtelgedicht
1040–1095	Al-Muʿtamid, König von Sevilla (Dichter)
ca. 1040–1100	Al-Zarqâlî (*Azarquiel*; Astronom)
1050–1123	Ibn ʿAbdûn (Dichter)
1055–1135	Moshe ibn ʿEzra (Dichter, Poetologe)
1058–1139	Ibn Khafâdja (Dichter)
1070–1145	Yehuda ha-Lewi (Dichter, Religionsphilosoph)
1080–1160	Ibn Quzmân (Dichter in vulgärabischem Dialekt)
ca. 1090–1139	Ibn Bâddja (*Avempace*; Philosoph, Dichter)
1106–1185	Ibn Tufayl (Philosoph)
1126–1152	Erzbischof Raimund; erste Übersetzerschule von Toledo
1126–1198	Ibn Rushd (Averroes; Philosoph)
1134	Erste Übersetzung des Korans ins Lateinische durch Robert von Chester
1135–1204	Moshe ben Maimon (*Maimonides*; Philosoph, Theologe)
1140–1177	Al-Rusâfî (Dichter)
1145	Robert von Chester übersetzt die *Algebra* des al-Khârizmî ins Lateinische.
1145–1217	Ibn Djubayr (Geograph)
1172–1196	Bau der Moschee von Sevilla
1175	Gerhard von Cremona übersetzt den *Almagest* des Ptolemäus ins Lateinische.
1210	Zweite Koranübersetzung ins Lateinische durch Marcus von Toledo.
1212–1261	Ibn Sahl (Dichter)
1212–1269	Al-Shushtarî (Mystiker, Dichter in vulgärabischem Dialekt)
1251	Übersetzung von *Kalila wa-Dimna* ins Spanische
1252–1282	Alfonso X. el Sabio von Kastilien; zweite Übersetzerschule von Toledo
1255/1277	Übersetzungen des *Libro de la Açafeha* von Azarquiel ins Spanische
1265–1210	Ibn al-ʿArabî (Mystiker, Philosoph, Dichter)
1304–1368	Ibn Battûta (Geograph)
1313–1374	Ibn al-Khatîb (Historiker, Universalgelehrter)
1314–1325	Bau des Generalife
1332–1406	Ibn Khaldûn (Universalhistoriker)
1333–1393	Ibn Zamrak (Dichter der Alhambra)
1390	Vollendung der Alhambra
1439	Pedro aus Toledo übersetzt Maimonides ins Spanische

Literaturhinweise

Barrucand, Marianne/Bednorz, Achim: Maurische Architektur in Andalusien, Köln 2002
Bossong, Georg: Probleme der Übersetzung wissenschaftlicher Werke aus dem Arabischen in das Altspanische zur Zeit Alfons des Weisen, Tübingen 1979
–: Das Wunder von al-Andalus. Die schönsten Gedichte aus dem Maurischen Spanien. Aus dem Arabischen und Hebräischen ins Deutsche übertragen und erläutert, München 2005
Burckhardt, Titus: Die maurische Kultur in Spanien, München 1980
Cardaillac, Louis (Hg.): Tolède, XIIe-XIIIe. Musulmans, chrétiens et juifs: le savoir et la tolérance, Paris 1991
Castro, Américo: Spanien, Vision und Wirklichkeit, Köln 1957
Chejne, Anwar G.: Historia de la España musulmana, Madrid 1993
Clot, André: Das maurische Spanien. 800 Jahre islamische Hochkultur in Al-Andalus, Düsseldorf 2004
Cruz Hernández, Miguel: El islam de al-Andalus. Historia y estructura de su realidad social, Madrid 1992
Dodds, Jerrilynn D.: Al-Andalus: The art of Islamic Spain, New York 1992
Fanjul, Serafín: Al-Andalus. La forja del mito, Madrid 2000
Guichard, Pierre: Al-Andalus 711–1492, Paris 2000
Hottinger, Arnold: Die Mauren. Arabische Kultur in Spanien, Zürich 2005
Imamuddin, S. M.: Muslim Spain 711–1492 A. D. A sociological study, Leiden 1981
Jayyusi, Salma Khadra (Hg.): The legacy of Muslim Spain, Leiden 1992
Kennedy, Hugh: Muslim Spain and Portugal. A political history of al-Andalus, Harlow, Essex 1996
Kress, Hans-Joachim: Die islamische Kulturepoche auf der iberischen Halbinsel. Eine historisch-kulturgeographische Studie, Marburg 1968
Lowney, Chris: A vanished world. Medieval Spain's golden age of enlightenment, New York 2005
Menocal, María Rosa: Die Palme im Westen. Muslime, Juden und Christen im alten Andalusien, Berlin 2003
Menocal, María Rosa/Scheindlin, Raymond/Sells, Michael (Hg.): The literature of al-Andalus, Cambridge 2000
Sánchez-Albornoz, Claudio: España, un enigma histórico, Buenos Aires 1956/57
Scales, Peter C.: The fall of the caliphate of Córdoba. Berbers and Andalusis in conflict, Leiden 1994
Stierlin, Henri & Anne: Alhambra, München 1993
Vernet, Juan/Masats, Ramón: Al-Andalus. El islam en España, Barcelona 1987
Watt, Montgomery W.: A history of Islamic Spain, Edinburgh 2001

Personenregister

'Abd al-'Azîz ibn Mûsâ 15
'Abd al-Malik ibn Djahwar 33
'Abd al-Malik 27
'Abd al-Mu'min 47 ff, 111
'Abd al-Rahmân I. al-Dâkhil 20, 31, 106, 113 f, 123, 124
'Abd al-Rahmân II. 115, 124
'Abd al-Rahmân III. al-Nâsir 23 ff, 115, 123
'Abd al-Rahmân V. al-Mustazhir 28
'Abda 27
'Abdallâh ibn Yâsîn 43 f
Abû 'Abdallâh ibn Nasr *(Boabdil)* 57 f
Abû Hazm ibn Djahwar 29, 32 f
Abû l-Qâsim ibn 'Abbâd 33
Abû l-Walîd ibn Djahwar 33
Abû Nuwâs 105
Abû Tammâm 105
Abû 'Umrân 43
Aghlab al-Murtadâ 39
Ahmad ibn Hûd al-Muqtadir 35
Albertus Magnus 90
Alfons VI. von Kastilien 34, 37, 123
Alfons VII. von Kastilien 75
Alfons X. el Sabio von Kastilien 71, 77 f, 83 ff, 116, 125, 126
Alfonso el Batallador von Aragón 36, 46
'Alî ibn Hammûd 28
'Alî Iqbâl al-Dawla 39
Álvaro 69

Archimedes 74
'Arîb ibn Sa'îd 82
Aristoteles 76, 84, 90, 95 f, 98, 100 f
Badîs ibn Zîrî 38
Barenboim, Daniel 120
Bargebuhr, Frederick 118
al-Battânî 78, 82
Bonaventura 90
Bruno, Giordano 90
Buluqqîn ibn Zîrî 39, 41
Castro, Américo 10 f, 126
Cid 39, 45, 49, 123
Cisneros, Francisco de 61
Columbus, Christoph 58
Dante Alighieri 98, 104
Defoe, Daniel 95
Dominicus Gundisalvus 75 f, 90
Duns Scotus 90
Euklid 74, 76
Eulogius 21
Fanjul, Serafín 13, 126
al-Fârâbî 76, 92
Ferdinand III. von Kastilien 27, 55, 77, 116
Ferdinand von Aragón 56 ff, 119, 124
Fernán González 24
Franco, Francisco 12, 123
Friedrich II. 74
Galen 74, 76
al-Ghazâlî 46 f, 53, 92, 95, 98
Geraldo sem Pavor 49
Gerhard von Cremona 75 f, 81, 125
Ghâlib *(Galippus)* 75
Goytisolo, Juan 17
Guichard, Pierre 40, 126
Guillaume d'Auvergne 90
Habbûs ibn Zîrî 38

Hafs ibn Albar al-Qutî 69
al-Hakam I. 21
al-Hakam II. 25 ff, 49, 115 f, 123, 124
Halm, Heinz 8
Hârûn al-Rashîd 74
Hermann von Dalmatien 83
Hippokrates 74, 76
Hishâm II. 26 ff
Hishâm III. al-Mu'tadd 29
Hudhayl ibn Razîn 40
Hunayn ibn Ishâq 74
Ibn 'Abd Rabbihi 106, 124
Ibn 'Abdûn 36, 110, 125
Ibn Abî l-Ridjâl 84
Ibn 'Ammâr 34
Ibn al-'Arabî 95, 98, 102 ff, 125
Ibn 'Awwâm 84 f
Ibn Bâdjdja *(Avempace)* 35, 91 f, 93 ff, 98, 125
Ibn Bassâl 84 f
Ibn Battûta 86, 125
Ibn Dawûd 75, 90
Ibn al-Djayyâb 120
Ibn Djubayr 85, 125
Ibn Gabirol *(Avicebron)* 35, 89 ff, 98, 108, 118, 124
Ibn Hafsûn 21 ff, 68, 123
Ibn Hayyân 36
Ibn Hazm 29, 84, 109 f, 124
Ibn Khafâdja 110, 125
Ibn Khaldûn 29, 31, 84, 86 ff, 125
Ibn al-Khatîb 87, 118, 120, 125
Ibn al-Labbâna 35
Ibn Mardânîsh 48 f, 102

Personenregister

Ibn Masarra 102
Ibn al-Muqaffa' 77
Ibn Quzmân 71, 110 f, 125
Ibn Rushd *(Averroes)* 49, 53, 93, 95 ff, 103, 125
Ibn Sahl 111, 125
Ibn Sînâ *(Avicenna)* 76, 93, 98
Ibn Tufayl 49, 53, 93 ff, 98, 125
Ibn Tûmart 47 f, 77, 123
Ibn Umayya 63
Ibn Zamrak 111 f, 119 f, 125
Ibn al-Zaqqâq 110
Ibn Zaydûn 109, 124
Ibrâhîm ibn Hamushk 48 f
Innozenz III. 50
Isabel von Kastilien 56 ff, 61 f., 116, 119, 124
Jaume I. von Aragón 51
Johannes von Toledo 75
Juan de Austria 64
Julián 15 ff
Karl der Große 20 f
Karl V. 62, 116, 119
al-Khârizmî 76, 80, 83, 125
Leibniz, Gottfried Wilhelm 95
Lessing, Gotthold Ephraim 95
Ludwig der Fromme 21
Maimonides 97, 98 ff, 125
Mâlik ibn Anas 52
al-Ma'mûn 74
Manrique, Iñigo 116
al-Mansûr *(Almanzor)* 26 ff, 37, 115 f, 123
Markus von Toledo 76 f
Maslama al-Madjrîtî 82 f, 124
Menocal, María 12, 126
Moshe ibn 'Ezra 38, 71, 108, 125
Muhammad al-Mahdî 28, 30
Muhammad III. al-Mustakfî 28 f

Muhammad al-Nâsir 50
Muhammad I. ibn Nasr ibn al-Ahmar 54, 118, 124
Muhammad II. ibn Nasr 118
Muhammad III. ibn Nasr 118
Muhammad V. ibn Nasr 56, 87, 118 f, 124
Muhammad VI. ibn Nasr 56
Munk, Salomon 90
Muqaddam von Cabra 107
al-Mu'tadid ibn 'Abbâd 33
al-Mu'tamid ibn 'Abbâd 33 ff, 41, 45, 71, 85, 110, 125
al-Mutanabbî 105
al-Mutawakkil ibn Aftas 36 f, 41
Mûsâ ibn Nusayr 14
al-Muzaffar ibn Aftas 36
Nebrija, Antonio de 58
Oppas 17
Ortega y Gasset, José 110
Pedro von Toledo 102, 125
Pedro I. von Kastilien 56
Pelayo 17, 123
Petrus Venerabilis 76
Philipp II. 63 f
Philipp III. 64 f
Platon 90 ff
Pococke, Edward 95
Ptolemäus 74, 76, 82, 93, 125
al-Qâlî 25
al-Qâma 17
Raimund 75, 102, 125
Ramón Berenguer 34
Recaredo 66
Recemund 82
Robert von Chester 76, 81, 125
Rodrigo Jiménez 76
Rodrigo 15 f, 123

Roswitha von Gandersheim 24
Rumayikiyya 34
al-Rusâfî 111, 125
Salâh al-Dîn *(Saladin)* 99
Samuel ha-Nagid 38, 108, 118, 125
San Juan de la Cruz 104
Sánchez Albornoz, Claudio 10 ff, 126
Sancho von Navarra 27
Sanchuelo 27 f
Sandoval, Francisco 64
al-Shushtarî 111, 125
Spinoza, Baruch de 95, 98
Stierlin, Henri 118
Sulaymân ibn al-Musta'în 28
Tamerlan 87
Tarîf Abû Zur'a 8, 14, 123
Târiq ibn Ziyâd 14 f, 123
Thâbit ibn Qurrâ 74
Thomas von Aquin 90, 97
Tibi, Bassam 88
Torres Balbás, Leopoldo 116
Toynbee, Arnold 88
'Uqba ibn Nâfi' 14
Urban II. 42
Wallâda bint al-Mustakfî 29, 109, 124
Witiza 15, 17
Yahyâ ibn Dhî l-Nûn al-Qâdir 37
Yahyâ ibn Ibrâhîm 43
Ya'qûb al-Mansûr 49
Ya'qûb ibn Yûsuf 96
Yehosef ibn Nagrella 38, 118
Yehuda ha-Lewi 38, 108, 125
Yosef ibn Caprel 107
Yûsuf I. 49, 53, 93
Yûsuf ibn Tâshufin 44 f
al-Zaghal 57
al-Zarqâlî *(Azarquiel)* 78, 83, 125
Zâwî ibn Zîrî 38
Ziryâb 24